中国历史大冒险 第一季

执掌天下的女性

罗友平 / 著

编绘：高毫林　苗艳娜　倪文清　陆　璐　廖俊杰　陈　吉　谷　力　姜迎胜　李芳远
　　　　欧阳科　万　艺　王志新　熊　瑛　谷文婷　黄　梅　王宇清　马翰林　徐　甲
　　　　刘维龙　滕　乐　冯立超　李宏江　张立付　王　栋　魏春有　胡雪娇　李兴旺
　　　　马银霞　李静波　张宏雷　韦启明　曾新罡　邢国良　梁辰雅

长江出版传媒　长江少年儿童出版社

图书在版编目（ＣＩＰ）数据

执掌天下的女性 / 罗友平著. —武汉:长江少年儿童出版社,2016.6
（中国历史大冒险. 第1季）
ISBN 978-7-5560-3670-7

Ⅰ.①执… Ⅱ.①罗… Ⅲ.①女性—政治家—生平事迹—中国—古代—少儿读物 Ⅳ.①K827=2

中国版本图书馆 CIP 数据核字(2015)第 312456 号

出版发行：长江少年儿童出版社
经　　销：新华书店湖北发行所
印　　刷：三河市南阳印刷有限公司
规　　格：889 毫米×1010 毫米
开　　本：16 开
印　　张：7.25
版　　次：2016 年 6 月第 1 版,2018 年 3 月第 2 次印刷
书　　号：ISBN 978-7-5560-3670-7
定　　价：38.00 元
网　　址：http://www.cjcpg.com
电子邮件：cjcpg_cp@163.com
业务电话：（027）87679174　（027）87679195

本书如有印装质量问题　可向承印厂调换

CONTENTS
目录

吕后专权

一代女皇武则天

CONTENTS
目录

吕后专权

导　读

公元前 241 年，此时的中国正处于战国末期，秦王嬴政已经统治秦国六年了，他一心想消灭六国，一统天下，因此不停地派兵攻打各国。在这个战火纷飞的年代，你悄悄来到了这个世界，降生在单父县（在今山东省）的一个普通家庭。

你是家里的第三个孩子，父亲吕公为你取名雉。雉是一种华丽尊贵的动物，可能父亲希望你不光有好看的外貌，也有尊贵的地位吧。后来的事实证明，你没有辜负这个名字。

公元前 202 年 2 月，你的丈夫登基为帝，定都长安，开创了大汉王朝，而你，成为母仪天下的皇后。

几年前还朝不保夕的你，做梦也没有想过自己会有今天，你回想着过去发生的一切，做农活、成为囚犯、变成俘虏……你俯视着向你朝拜的群臣，看着偌大的长安城，陷入了沉思："未来还会有什么事等着我呢？"

宴会上的奇人

　　你们全家原本住在单父县，有一次，父亲和人结了仇，为了躲避仇人，他带着全家搬到了沛县（今江苏沛县）。沛县县令和你的父亲是十分要好的朋友，为了庆祝你们的到来，他特意举办了一场欢迎宴会。

　　宴会上来了许多当地的名流富绅，酒席即将开始的时候，门外突然有个人高声嚷道："泗水亭长刘季送贺礼一万钱！"你父亲听到有人送这么多的礼钱，不禁十分惊讶，连忙站起身来迎接，只见一个长着高鼻梁、留着好看的胡子的男子走进屋里，他就是刘邦*。

　　当时，身为亭长的刘邦一年俸禄也不过一千多钱，你的父亲当然不会相信他真的送了上万礼钱，但见刘邦器宇不凡，还是客客气气地招待了他。

　　刘邦挑选了最尊贵的位子坐下，一点也不拘束，一直自在地与客人聊天。你的父亲十分诧异，断定刘邦绝不是等闲之辈，就决定将你许配给他。

秦国中央和地方统治机构设置

皇帝　最高统治者。

三公　地位最高的三个官职，分别是掌管国政的丞相、掌管监察的御史大夫、掌管军事的太尉。秦始皇害怕兵权旁落，没有设太尉一职。

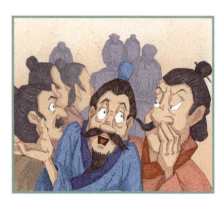

九卿　卫尉、郎中令、太仆、廷尉、典客、奉常、宗正、少府、治粟内史。

刘邦 生于公元前256年，泗水亭长，掌管治安和民事的小官。

小窍门

不要认为大人们的宴会和你没有任何关系，因为他们很可能随时把你嫁出去。

＊本名刘季，在登基为帝时取"兴国安邦"之意，改名为"邦"。

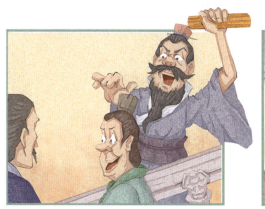

郡 地方机构。秦国将全国划分为36个郡，每个郡设有郡尉、郡守、监御史等官职。郡守由中央直接任命。

县 设有县尉、县令等官职。

乡 县令管理下辖的各个乡，每个乡又设有游徼、三老、啬夫、有秩。三老下面设置亭，亭设有亭长。

婚后的窘境

原本家境富足的你下嫁到了刘家，刚一结婚就遇到了难题，原来刘邦在婚前已经和一位姓曹的女子有了一个儿子，他的名字叫刘肥。初到刘家便做了后母，你虽然感觉有些别扭，但本性善良的你从未虐待过这个私生子。不久，你生下了女儿刘乐和儿子刘盈。因为刘邦家境并不富裕，而且他游手好闲，经常不在家，所以许多事情你都必须自己做。

一次，你正在做农活的时候，有一位老人来向你讨水喝。你好心地给了他水和一点食物。老人为了表示感谢，便给你和你的子女看相，然后断定你们都是富贵之人。你听了之后很开心，但是也很疑惑："他说的都是真的吗？"

你要做的事

侍奉公婆　帮婆婆捶背按摩。

小窍门
边干活边唱歌可以缓解疲劳。

养蚕纺纱　你想为家人添置新衣,也想用布匹换钱。

耕田种地　丈夫不在家时,你要扛起锄头去地里。

烧火煮饭　那个时候百姓一天只吃两顿饭。

打扫卫生　再忙也要抽出时间打扫,因为你怕婆婆说你不贤惠。

照顾小孩　这是最头疼的工作,为了让他们安静点,有时你得打他们的屁股。

喂鸡喂猪　你得细心地饲养它们,因为它们不仅很美味,而且可以换钱。

突如其来的入狱

陈胜、吴广起义的经过

起因 公元前209年，朝廷征发陈胜、吴广等900余人前往渔阳（今北京市密云西南）戍守边关，途经大泽乡时，因为大雨阻碍了行路，不能如期到达目的地。按照秦朝的法律，延期是死罪。情急之下，陈胜、吴广率领同行的人杀死押解的军官，发动起义。

公元前221年，秦王嬴政统一天下，他实行残暴的统治，天下百姓苦不堪言。到了公元前209年，秦二世继位，赋税徭役有增无减，而法度律令更是严苛至极。暴秦的统治终于激怒了走投无路的农民，起义爆发了！

与此同时，你的丈夫刘邦正押送劳工前往骊山修建皇陵。秦朝的徭役艰苦，劳工常常会客死他乡，所以，他押送的队伍中每天都有人逃跑。眼看人数越来越少，刘邦担心自己没有办法交差，便对劳工们说："你们各自逃生去吧，我也要逃命了。"随后带着十几个自愿追随他的人一同躲进芒山和砀山地区。

不久，官兵闯入家中，抓不到刘邦本人，就把你抓去坐牢。

高潮 陈胜、吴广起义很快就席卷全国，贫苦的百姓背着粮食跟随他们。陈胜派出起义军攻进关中，直逼秦朝都城咸阳。

挫折 看到起义军的势力不断壮大，秦二世惊慌失措，将做苦役的囚犯、奴隶编成一支军队对抗起义军。起义军孤立无援，遭受重大挫折。

失败 在朝廷的镇压下，起义军的势力日渐衰弱。公元前208年，吴广被部下杀死，陈胜在逃跑的路上被他的车夫设计杀害。起义以失败告终。

不甘心的丈夫

你在狱中吃尽苦头，后经人帮助，才得以出狱。

不久，沛县百姓杀了不得民心的县令而推举刘邦为沛公，同年，项羽也在吴中（今苏州市吴中区）起义，他和刘邦渐渐成为当时最主要的两支反秦队伍的首领。

公元前207年，刘邦攻入咸阳，秦王子婴投降，三年的反秦斗争结束，秦国就此灭亡。当初，义军名义上的领袖楚怀王曾和刘邦、项羽约定"先入关中*的人就可称王"，刘邦本可以称王，但因实力无法与项羽抗衡，最终选择从咸阳撤兵。此后项羽自认功高，自封为西楚霸王，并将灭秦的功臣也封为王。公元前206年，你的丈夫被封为汉中王，封地在今四川和陕西一带。虽然你已经是汉王妃的身份，但刘邦仍将你和家人留在沛县生活。你知道，他并不甘心只做汉中王，他有更重要的事情要做。

项羽 名籍，字羽，楚国名将项燕之孙。据说他力能扛鼎，才气过人，堪称中国历史上最强的武将之一。

小窍门　当你的孩子问你父亲去了哪儿时，你可以自豪地说，他去起义了。

头上的祥云　你会走很远的路去看望山中的刘邦，给他送去衣服和生活用品。有一次，刘邦问你，为什么无论他躲在哪里，你总能找到。你说因为他头上的天空总有祥云。虽然大家都不知道你说的是不是真的，但是投奔你丈夫的人越来越多。

楚怀王　楚怀王原名熊心，据说是战国时楚怀王熊槐的孙子。楚国亡国后，熊心流落到民间牧羊。项羽的叔父项梁起义后，为了师出有名，获得天下人的支持，立熊心为楚怀王。后因为熊心同意刘邦称王，项羽怀恨在心，暗中派英布将熊心杀死。

*今天秦岭以北的平原地区，曾是秦朝的都城之地。

11

沦为人质

这一天终于来了。公元前206年，刘邦明修栈道，暗度陈仓（今陕西宝鸡市），夺取关中宝地，后又以替楚怀王熊心发丧为由，联络各路诸侯，公开声讨项羽，楚汉战争爆发。

公元前205年，刘邦向项羽的根据地——彭城（今江苏徐州）发起进攻。彭城离沛县非常近，但刘邦因为贪恋财色，没有及时将你们接走。战乱之中，你和家人准备抄小路去找刘邦，却不幸与项羽撞个正着！就这样，你们成为了人质。

沦为人质的你们度日如年，但丈夫迟迟不来相救，你日夜被焦虑和思念折磨着，性格慢慢变得刚毅起来。

两年零四个月后，项羽被迫和刘邦鸿沟议和，历经磨难的你终于可以回到丈夫身边啦！可是此时你发现刘邦身边已经有了另一个女人，那就是戚夫人。

明修栈道，暗度陈仓 刘邦在前往封地时烧毁了途经的栈道，以此表明自己没有扩大势力的野心。不久，刘邦又在表面上整修栈道，使陈仓守将掉以轻心，而暗地里从小道出汉中攻打陈仓，夺取了关中宝地，大大增强了自己的实力。

小窍门

逃命的时候最好混在人群中，这样才不容易暴露自己。

鸿沟议和 鸿沟是中国最早沟通黄河和淮河的人工运河，位于今河南省郑州市。刘邦先后派兵攻打项羽，使他兵疲粮尽。项羽无奈之下与刘邦议和，以鸿沟为界，东归楚，西归汉。

戚夫人 原名戚懿，平民出身，定陶（今山东定陶）人。公元前205年，刘邦在彭城战败，逃亡过程中与她相识。后来戚夫人随刘邦征战四年，十分得宠。

我美吗？

血腥的一年

然而，议和换来的只是暂时的和平。不久，刘邦和项羽之间的战争又爆发了。在韩信、彭越等名将的帮助下，胜利的天平逐渐朝着刘邦这边偏斜。公元前202年，项羽兵败自杀，历时四年的楚汉战争结束。2月，刘邦登基为帝，开创了历史上有名的大汉王朝，而你则成了母仪天下的皇后。

时间一天天流逝，公元前196年，刘邦60岁了，他的身体一天不如一天。你害怕韩信等功高盖主、手握兵权的大臣会在刘邦去世后起兵造反，心中十分不安。因为一旦他们真的造反，你和刘盈，孤儿寡母只怕难逃一死！为了铲除威胁，你趁刘邦在外征战，将韩信骗到宫中杀死，并杀了韩信的家人和亲戚。

也是在这一年，彭越冤死，英布因谋反被诛杀。至此，汉初三大名将无一人善终。

彭越之死　彭越被诬告谋反，刘邦将他贬为庶民，发配四川。彭越在发配的途中正好与你相遇，他向你诉说自己的冤屈，你则答应帮他求情，并请他一同回咸阳。而回宫之后，你却立刻怂恿刘邦将彭越杀掉，以绝后患，并且买通他人再次诬告彭越造反。最终彭越和他的家人、亲戚都被杀，他的尸体被剁成肉酱分给各个诸侯王。

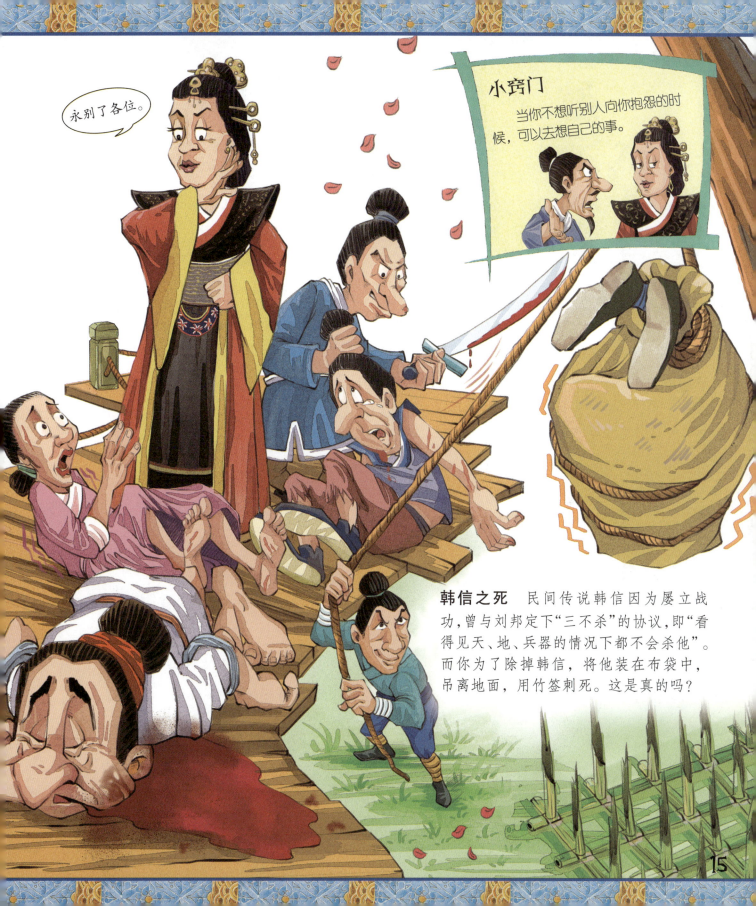

永别了各位。

小窍门

当你不想听别人向你抱怨的时候，可以去想自己的事。

韩信之死 民间传说韩信因为屡立战功，曾与刘邦定下"三不杀"的协议，即"看得见天、地、兵器的情况下都不会杀他"。而你为了除掉韩信，将他装在布袋中，吊离地面，用竹签刺死。这是真的吗？

太子之争

跪谢周昌 大臣周昌为人耿直,改立太子一事,他坚决反对,且态度最为强硬。一日,他与刘邦又因这件事争辩起来,周昌本就有口吃的毛病,加上非常气愤,说起话来更是结结巴巴。刘邦听到他说的话,高兴地笑了。而你在侧房偷听到这一切,心中感动,当见到周昌时,你不顾皇后的身份,向他跪谢:"若不是您据理力争,太子险些就被废掉了。"

商山四皓 他们原本是秦朝的四位官员,因躲避乱世而隐居商山,他们年纪都有80多岁,须眉皓白,所以被称为"四皓"。他们分别是东园公、夏黄公、绮里季、甪里先生。

你虽然成功地除掉了一部分旧臣,然而,另一个危机却向你袭来。因为刘邦十分宠爱戚夫人,他一再在群臣面前表明打算改立戚夫人的儿子刘如意为太子。惊恐、憎恨、绝望涌上你的心头。你很清楚,一旦刘盈被废,刘如意成为太子,自己恐怕命不久矣。

走投无路的你让哥哥吕泽胁迫张良*出谋划策。通过张良,你得知刘邦一向敬重当时闻名的商山四皓,多年以来一直想请他们做官却被拒绝。于是你想尽办法,派人去请这四个隐士出山辅佐太子。终于,在一次宴会上,刘邦注意到太子身后这四位衣着奇异的白胡子老人。当得知他们就是商山四皓时,刘邦大为吃惊,他认为太子受人拥戴,地位已经很难动摇,便再也没有提改立之事。此时,你终日惶恐的心总算有了片刻安宁。

小窍门

　　最好多带一些仆人和马车，因为让老人家走山路实在是太慢了。

*杰出的谋臣，协助刘邦夺得天下，被封为留侯，后隐居山林，不问政事。

17

骇人听闻的酷刑

公元前 195 年 6 月，刘邦驾崩，太子刘盈登基为帝，你成为了皇太后。对于妄图抢走你一切的戚夫人，你当然不会放过。你叫人剃除她的头发，让她穿上囚服，做着舂米*的苦工。可不了解自己处境的戚夫人却作了一首《舂歌》，边干活边唱，以此暗示儿子刘如意前来救她。被激怒的你失去了理智，派人毒死了刘如意，命人砍去戚夫人手脚，熏聋双耳，挖掉双目，又将她毒哑，然后抛入茅厕之中，称为"人彘"，意为"人中之猪"。后来你竟然又叫儿子前来观看，年仅 17 岁的刘盈看到这样骇人的场面，不禁痛哭失声，认为这不是人做的事情，于是终日抑郁，不愿再理朝政。

这样残忍地惩罚戚夫人，虽然使你解气，可是面对亲生儿子和天下人的指责，你曾后悔过吗？

小窍门
　　如果不想做噩梦，你最好忘记自己所做的一切。

刘如意之死　　你准备将刘如意召入宫中杀掉，可你仁厚善良的儿子刘盈为了保护自己的兄弟，亲自去接刘如意入宫，而且饮食寝居都和他形影不离。一日，刘盈早起打猎，想让年幼的刘如意能多睡一会儿，于是将他留在寝宫。你得知这个消息，立刻派人将毒酒强行灌入刘如意的喉咙，年仅 15 岁的刘如意就这样被毒死。

秘不发丧　　刘邦死后，你害怕天下大乱，于是对外封锁了消息，想抓紧时间杀光构成威胁的剩余旧臣。将军郦商听说这件事后，暗中劝阻说："如果这样做，诸将会联合起来谋反。"你心生畏惧，打消了这个念头，在第四天对外宣布皇帝驾崩了。

＊将谷子放入盛器，用杵子捣砸，使糠皮和米粒分离。

执掌天下

刘盈本就生性仁弱，在戚夫人事件后便大病了一年，他认为自己有你这样的母亲，再无法治理天下，于是沉迷酒色，一蹶不振。从此，大权基本上掌握在你的手中。公元前192年，你将自己的外孙女，也就是公主刘乐的女儿张嫣立为皇后。那年张嫣仅13岁，而且是刘盈的亲外甥女。刘盈虽然对此极为不满，但也无可奈何。

在后宫斗争中，你表现得专断狠毒，但是执掌天下时，你的功绩是不容抹杀的。你废除了秦朝一些苛刻残忍的律令，沿袭丈夫刘邦与民休息的国策，不干扰百姓的日常生活，使农业和经济有充足的时间恢复发展。

你的功绩

文化 废除秦朝的挟书令，百姓藏书不再会被杀头；鼓励百姓看书。

经济 你提高了商人的地位，使经济得到更好的发展。

小窍门

将奢侈腐败的贪官一网打尽！

恭喜你。

法律 废除三族罪，犯人的家人不会因为受牵连而被无辜杀头。

农业 推举优秀农民，减轻赋税，予以勉励。你还释放奴婢，使其回乡农耕。

匈奴的侮辱 公元前192年，匈奴首领写信给你，说："我刚死了老婆，而你没有老公，你嫁给我，我们两国交好。"你受到奇耻大辱，十分生气，决定出兵讨伐，大臣季布挺身相劝，最终你冷静下来，决定为了国家发展暂且忍受。

军事 你裁减军队，让很多军人回乡种田，并减免他们的税收。

社会风气 废除妖言令，给百姓议论皇帝的自由。你还反对铺张，倡导勤俭治国。

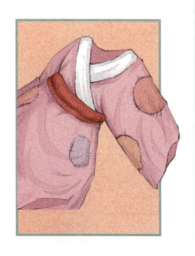

21

太后专政第一人

公元前 188 年 8 月，刘盈病逝，你将他与宫中美人所生的孩子刘恭立为帝。后来刘恭略微懂事时，偶然知道自己的母亲早就被杀死，自己并不是皇后的亲生儿子，就口出怨言，说："我现在还小，等长大成人后我就造反。"你听说这件事以后很担心，害怕他将来作乱，于是废了刘恭的帝位，并暗中将他囚禁起来杀掉。随后，你另立新帝刘弘。

刘恭和刘弘在位期间并无实权，朝廷号令一律出自你手，你临朝称制*，行使皇帝职权，成为中国太后专政的第一人，也开了汉代外戚专权的先河，所以公元前 187 年又被称为高后元年。

你的皇宫

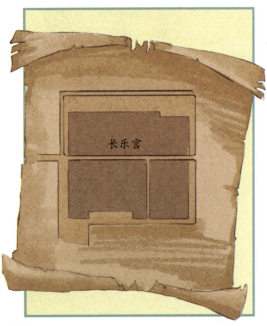

长乐宫 公元前 200 年，刘邦在秦朝兴乐宫的基础上建成，刘邦去世后为你的居所。因其位于未央宫东，又称东宫。"长乐"寓意"长久快乐"。

未央宫 与长乐宫同年修建，因在长乐宫之西，汉时称西宫。未央宫总面积约 5 平方公里，相当于将近 7 个故宫大小。

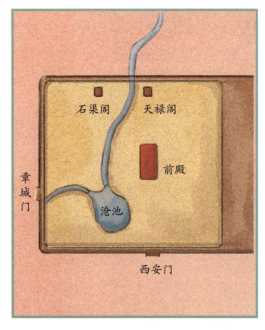

石渠阁　天禄阁
前殿
章城门
沧池
西安门

* "制"是指皇帝的命令，皇室女性代理皇帝掌握并行使国家最高权力就被称为"临朝称制"。

流不出眼泪　丈夫和唯一的儿子去世了，此时的你更加孤立无助。在为儿子发丧时，你心中压抑不安，流不出眼泪。后来丞相陈平听从他人的计谋，提议吕家的人都入朝掌权，从而使你打消了顾虑，释放自己，哀痛得泪如雨下。

皇后玉玺　这是你临朝称制时所用的玉玺，用和田羊脂玉制成，边长 2.8 厘米，重 33 克，正面用篆体刻着"皇后之玺"四字。

吕氏为王

为了强化自己的统治，你极力扫除刘氏的子孙，刘邦生前的八个子嗣，大部分惨遭迫害。你知道自己一个人的力量不足以稳定政局，所以追封自己的两个已故的哥哥为王，并以此为开端，大规模地将吕家的人封为王侯。你一步步地用吕家的亲贵代替刘氏的诸侯王，渐渐形成吕家天下的局面。这样的做法，不仅违反了白马之盟，还引起刘氏子孙和大臣们的愤怒。

小窍门

如果你有办法让大家忘记白马之盟这回事，那就再好不过了。

白马之盟　刘邦在位时曾与大臣们定下盟约："不是刘姓而称王的人，天下人共同声讨他。"盟约订立时众人杀了一匹白马，并把马血涂在嘴上以表示恪守誓言，因此该盟约被称为"白马之盟"。

皇子的命运

刘长　刘邦最小的儿子，自幼丧母，在你身边长大，因此免遭政治祸患。

刘建　刘邦第七子，公元前181年去世，刘建唯一的儿子被你处死。

刘友　为了监控他的行为，你将外孙女嫁给他为妻，后夫妻感情不和，刘友被妻子诬告造反，公元前181年被你囚禁饿死。

刘肥　在家宴上得罪了你，为保性命自削封地。公元前189年去世。

刘盈　沉迷酒色，终日抑郁，于公元前188年病逝。

刘如意　公元前195年被你派人毒死。

刘恒　刘邦的第四子，为保性命，以守护边疆的名义留在偏远的代国。

刘恢　刘邦第五子，娶吕氏之女为妻，因心爱的宠妃被妻子杀死，于公元前181年自杀。

生命终点

　　短短几年的时间，吕氏家族尽是王侯，所有和你有亲戚关系的人都飞黄腾达了。

　　公元前 180 年，你病倒了。重病在身的你还是不忘巩固吕家的统治，你下令让自己的侄子吕禄和吕产统率主力军队，从而掌控都城的兵权。你深知自己违反白马之盟的行为引起了众人的愤怒，为了防止叛变，你嘱咐自己的侄子，在你死后，不要离开皇宫为你送葬。你还留下遗旨，要大赦天下，并赏赐各地诸侯黄金千斤，让吕产担任相国，将吕禄的女儿封为皇后。

　　虽然你做了很多，但是事情真的会向着你所希望的方向发展吗？

吕家人

侄孙 吕通，被封为燕王。

外甥 吕平，被封为扶柳侯。

父亲 吕公，追谥他为吕宣王。

妹妹 吕媭，被封为临光侯。

哥哥 吕泽，被追封为悼武王；吕释之，被追封为赵王。

侄子 你先后封了七个侄子为王为侯，其中吕产为梁王，吕禄为赵王，吕台为吕王，而吕禄为赵王，其他三个侄子封为侯。

小窍门

你准备好去见自己的丈夫了吗？最好先想想自己要和他说什么。

苍犬袭人　公元前180年，你祭天回宫的路上，看到黑狗般的一团影子朝你扑来，撞击到你的腋下，然后消失不见。你十分害怕，请来巫师占卜，巫师说那团黑影是刘如意的化身，你又惊又惧，从此患上了腋下疼痛的病。

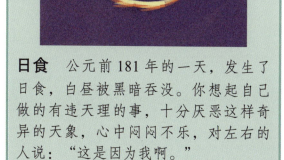

日食　公元前181年的一天，发生了日食，白昼被黑暗吞没。你想起自己做的有违天理的事，十分厌恶这样奇异的天象，心中闷闷不乐，对左右的人说："这是因为我啊。"

27

后来的故事

　　你还想为吕氏家族做更多的事情，可是你的身体越来越虚弱，实在是力不从心了。

　　弥留之际，你回顾着自己一生的所作所为，心中百感交集。你想起公元前195年的那一天，你的丈夫刘邦病重，在他的床榻之旁，你一次次追问相国的人选，刘邦在说出几位大臣的名字后，对你说："再以后的事情不是你能知道的，而且你也活不了那么久。"这句话在你脑海里一遍遍地回响，你闭上疲惫的眼睛，长长地叹了一口气。

　　8月1日，你病逝了，与自己的丈夫刘邦合葬于长陵。

　　推翻吕氏的战争还是爆发了。你逝世后不久，刘肥的两个儿子，齐王刘襄和朱虚侯刘章便领兵造反，大臣陈平和周勃在朝内响应。刘氏诸王，群起而攻，将吕氏家族的人一个个杀死。

　　公元前180年，刘弘被废，代王刘恒称帝，他就是汉文帝。在吕氏掌权15年后，天下最终回到了刘氏手中。一切都落幕了，但你的故事一直留在人们心中。

一代女皇武则天

导　读

你就是后人所说的武则天，生活于 1300 多年前的唐朝。那时候的唐朝是个繁荣富强的帝国。帝国的都城长安，是一座巨大的城市，人口众多，官员、富商云集，它不仅是全国的政治中心，还是整个亚洲的经济文化交流中心。

你的父亲是个有头有脸的官员，受人尊敬，你们一家子过着体体面面的生活，你的童年也很快乐。

但是，14 岁那年，你被选为才人，进入皇宫，从此，你的命运彻底改变了。在尔虞我诈的后宫，你随时面临着灭顶之灾，为了生存，你不得不反抗。有一天，你终于发现，要想躲过来自四面八方的明枪暗箭，你必须爬上皇帝宝座。这对你来说，太不可思议了，因为在此之前，从来就没有任何女人做过皇帝。后来，你竟然成功了！

可是，为了实现这个梦想，你失去了很多家人和朋友，还要面对偏见、误解、战争、死亡，你后悔这样做吗？

童年生活

公元 618 年，一个伟大的王朝诞生了，那就是唐朝。6 年以后，你来到这个世界，和你的父母生活在长安。你的家境非常好，父母也很疼爱你，所以你的童年过得很幸福。

你很敬爱你的父亲。他年轻时天下到处都在打仗，但在这乱世之中，他居然找到了生财之道，成了一个远近闻名的商人。

可是，当时人们都瞧不起商人，所以你父亲梦想着在政治上有所作为。一次偶然的机会，他与李渊结识，并助他建立了大唐王朝，你父亲成为大唐王朝的开国功臣，他的梦想终于实现了。

你出生后不久，你父亲被调到扬州担任都督府长史，所以你们一家子不得不跟随他南下。

李渊 十六国时期西凉国开国君主的后裔，公元 566 年出生在长安，7 岁时父亲去世，世袭为唐国公。

你的家人

父母 你父亲叫武士彟，母亲杨氏是前朝隋炀帝杨广的堂弟杨达的女儿。公元 622 年，由李渊亲自为他们赐婚。

兄弟姐妹 你有两个同父异母的哥哥——武元庆和武元爽，以及两个亲姐姐，即后来的韩国夫人和郭夫人。

长史 最早设立于汉代，主要负责民政和政府内务，相当于现在市政府的秘书长或副市长。

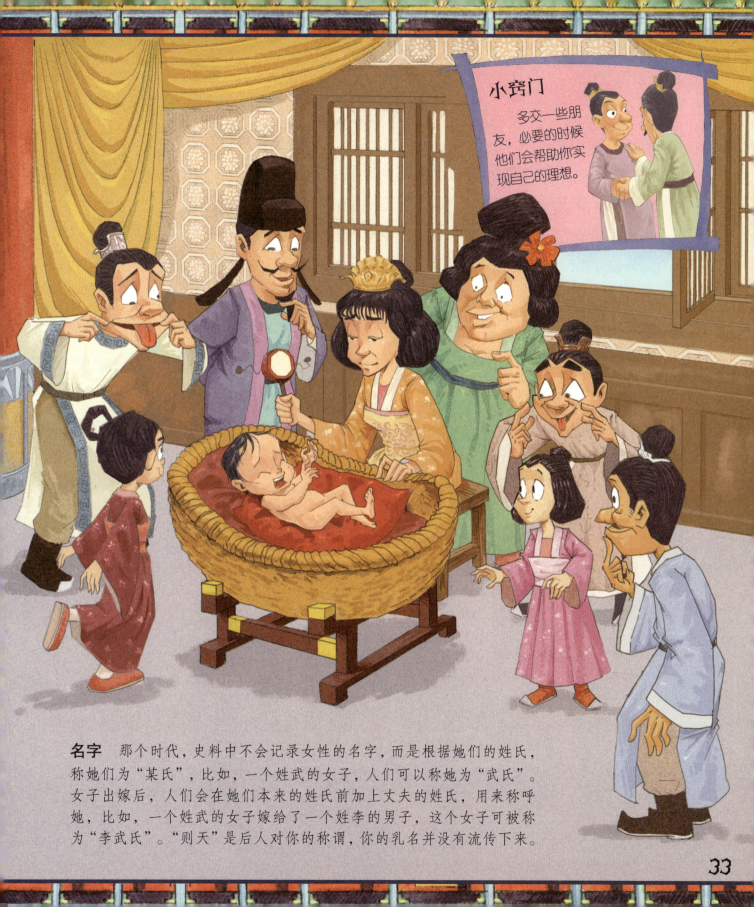

小窍门

多交一些朋友，必要的时候他们会帮助你实现自己的理想。

名字 那个时代，史料中不会记录女性的名字，而是根据她们的姓氏，称她们为"某氏"，比如，一个姓武的女子，人们可以称她为"武氏"。女子出嫁后，人们会在她们本来的姓氏前加上丈夫的姓氏，用来称呼她，比如，一个姓武的女子嫁给了一个姓李的男子，这个女子可被称为"李武氏"。"则天"是后人对你的称谓，你的乳名并没有流传下来。

父亲去世

　　你2岁那年，皇帝李渊的二儿子秦王李世民发动"玄武门之变"，杀死了他的哥哥太子李建成和弟弟李元吉。李渊非常愤怒，但是他现在只有李世民一个儿子了，也无可奈何。不久，他就让位给李世民，当起了太上皇。李世民登上皇位，他就是千古明君唐太宗。

　　你父亲是个很本分的人，并没有参与这场纷争，而且主动拥护李世民。李世民感激你父亲的忠心，便将他任命为利州都督，后来又提升为荆州都督。

　　公元635年，你的父亲因病去世，你们一家人从此变得孤立无助。更让你感到难过的是，你的两个哥哥开始百般刁难你们母女。为了替母亲分忧，你的心智很快成熟起来。

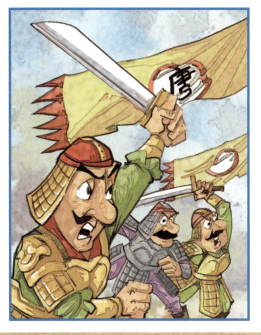

都督 中国古代军事长官的一种，最早设置于三国时期。唐初，大都督常以宗王遥领，而以长史代理其职，其余的都督则分为上、中、下三等。

小窍门

小朋友要乖乖待在家里，别乱跑，因为外面很危险，一不小心就会被坏人抓走。

家庭教育

诗词歌赋 从你记事时起，你父亲就请老师教你诗歌，你的母亲也将自己学过的诗文、礼仪都传授给你。据说，你5岁时就有过目不忘的本领，7岁就能作诗。

所谓伊人，在水一方。

舞蹈 你父亲还请了专业的舞蹈老师教你跳舞，你聪明好学，很快就能跳许多经典的舞蹈。

书法绘画 你在书法和绘画方面也很有天赋，儿时的学习为你以后的造诣打下了坚实的基础。

被选入宫

宫廷生活

日常起居 你每天的日常起居都有人照顾，这和你以前的生活方式完全不一样。

才人 古代宫廷女官的一种，除了皇后，皇上还有122位妃嫔，才人排在30多位。你主要的工作是负责安排宫廷宴会和娱乐活动，以及处理一些政令性文件。

一转眼你就14岁了，出落为一个亭亭玉立的大姑娘，可你时常会想起你父亲说的那句话："如果你是个男儿就好了！"于是，你暗自发誓："我将来一定要比男儿更优秀！"

没过多久，你被皇帝李世民召入宫中封为才人。临别时，你的母亲痛哭流涕，你却安慰她不要伤心。

入宫后，你独特的气质给皇帝留下了深刻的印象。一次，皇帝正在为他那匹难驯的烈马感到头疼，你却胸有成竹地说："我认为可以用铁鞭抽打它，如果不行，就用铁锤打打它的脑袋，要是还不听话，就用匕首割断它的喉咙。"

李世民听后，瞪大双眼直愣愣地看着你。你有些忐忑不安，心想："糟糕，他肯定被我吓到了吧！"

学习 你入宫后，每天除了认真学习宫规礼仪，依旧坚持博览群书。你希望和太宗有更多的共同话题，于是苦练他最爱的王羲之书法。

小窍门

在佳丽云集的后宫，你要想出人头地，必须表现出与众不同的气质、见识。

入寺为尼

  3 年后，由于才识过人，你成为皇帝的贴身秘书。你为他研墨，并通过观察他批阅奏折和处理国事的方式，积累了丰富的政治经验。同时，你置身于妃嫔中，亲身经历着深宫中的明争暗斗，也渐渐悟出一些生存法则。

  公元 649 年，是你做才人的第十二个年头。经过这么多年的磨炼，你在政治上的认识日趋成熟。皇帝却日渐老去，如今还患了重病，这令人多么伤感啊！

  你照顾皇帝的这段日子里，太子李治也经常前来陪伴他。不知不觉，你竟和太子互相产生了爱慕之情。然而，皇帝去世后，太子成为新皇，你则被发送到长安感业寺削发为尼。这一年，你才 20 多岁，难道必须在寺庙里度过未来的日子吗？不，这不是你想要的，这对你来说实在是太残酷了！

李治 出生于公元 628 年，是唐太宗的第九个儿子，他的母亲是长孙皇后。他 15 岁那年被立为皇太子，登基以后，继承了父亲太宗皇帝的政策，使国家更加强盛。

感业寺 唐代禁苑内的皇家寺庙，当时寺院占地约 300 亩，山门殿南 1500 多米的窦家寨村北，那儿的田野里现在还有两个插旗杆的石墩呢。

小窍门
　　人生不可能一帆风顺，遇到困境时，也要保持随遇而安的心态。

宫廷祭祀　唐朝沿用以前的惯例，皇帝去世后，就让他没有子女的妃子一律进入寺院，削发为尼，以便为下一任皇帝的妃嫔腾出地方。

佛教情结　你过着晨钟暮鼓、面壁修佛的生活。在这段时间里，你从佛经中领悟了很多人生哲理，与佛教结下了不解之缘。

重回宫廷

时间像蜗牛一样过得很慢，终于在太宗忌日这天，你和李治在感业寺相遇。你悲喜交加，因为久别重逢之后又是离别。然而，这次离别竟成为你人生的一次重大转折。

原来，你不在宫中的这段时间，王皇后和萧淑妃一直争风吃醋闹不和。王皇后知道皇帝对你情有独钟，为了打压萧淑妃，便主动请求皇帝将你纳入宫中。没想到皇帝正有此意，于是你两年的孝服期一满就被他召回宫中。

公元 652 年和 654 年，你分别生下长子李弘和一个女儿。不久，你被皇帝册封为二品昭仪，地位仅次于王皇后和萧淑妃。

皇帝对你十分宠爱，几乎每天都和你待在一起，渐渐冷落了其他妃嫔。王皇后非常后悔，于是经常在皇帝面前说你的坏话，你知道后十分气愤，心想："要是我什么都不做，恐怕早晚有一天会死在这深宫中吧！"

李弘 生于公元 652 年，是李治的第五个儿子。李弘很孝顺，品行也很好，所以深得李治喜爱，被立为太子。然而，不幸的是，公元 675 年，李弘陪李治出游，不幸猝死。李治十分悲痛，破例追加李弘为皇帝。

小窍门

在复杂的后宫中，不要轻易相信他人，因为你很可能只是别人的一颗棋子。

王皇后 出身于太原王氏，王家是当时最尊贵的世家大族之一，并和李家皇室有着亲戚关系。王皇后的父亲是王仁祐，曾做过县令，她的祖母是唐高祖李渊的亲妹妹同安公主。

萧淑妃 南朝士族兰陵萧氏族人，在李治还是太子时，被选入东宫封为良娣，生下许王李素节、义阳公主和高安公主三个子女。李治即位后，她被封为淑妃。

登上皇后宝座

你的女儿满月后的一天，王皇后独自前来看望，由于屋内没人，她只待一会儿就走了。你把这一切都看在眼里，王皇后刚离开，你就悄悄进去将女儿掐死，然后给她盖好被子，好像什么也没发生一样。

恰巧这时皇帝来了，你就假装和他一起去看女儿。当他发现女儿没了呼吸时，立即脸色大变，厉声问道："有谁进过这间屋子？"屋内的宫女急忙跪下说王皇后刚刚来过，于是你痛哭流涕，趁机数落王皇后的不是。皇帝听后气得咬牙切齿，顿时产生废掉王皇后、立你为皇后的想法，同时也想借此打击长孙无忌这些倚老卖老的元老大臣。

公元 655 年 10 月，你的目的终于达成，你登上了梦寐以求的皇后宝座，王皇后和萧淑妃则被贬为平民，打入冷宫。

长孙家族的发迹 鲜卑族拓跋珪建立北魏政权后，拓跋嵩被赐为拓跋氏家族的长孙。由于他为国家立下了汗马功劳，他的后代世袭为北魏王朝的王族。到了孝文帝拓跋宏时期，因明确规定以拓跋氏为北魏皇族宗室的长门，拓跋嵩家族便将姓氏改为长孙氏，从此诞生了长孙家族。

小窍门

想要稳固自己的地位，就必须把那些对自己构成威胁的人都打败。

长孙无忌 长孙皇后的哥哥，曾辅佐李渊建立唐朝，以功劳第一被封为齐国公。后来，他又参与发动"玄武门之变"，帮助李世民夺取帝位，被封为太尉。

贤德的长孙皇后

1 她从小就爱好学习，知书达理。

2 她的一言一行都遵守礼制，从不干预朝廷政事，却能用智慧帮助太宗处理好君臣关系，任用贤能的大臣。

3 她的性格温柔善良，生活简单朴素，宫中的物品以够用为标准，反对奢华。

4 她从不与妃嫔争风吃醋，而是体谅、爱护她们，对她们的子女也关爱有加，因此宫里所有人都很爱戴她。

霸道参政

你虽然已经贵为皇后，但反对你的仍大有人在。为了解除后患，你逼死王皇后和萧淑妃之后，又捏造罪名，将长孙无忌等大臣削去官职，贬到外地。至此，反对你的人一个也不剩了。

公元 660 年，李治得了头风病，无法处理国家大事，就让你管理朝政。可你的性格过于强势，这让李治感到无比憋屈。于是，他暗中和宰相上官仪商议，要拟写诏书废掉你。但上官仪的诏书还没写好，你就得到了消息，然后迅速赶来，质问李治："这是怎么回事？"李治吓得结结巴巴地说："都是上官仪教我做的。"听完，你立刻下令将上官仪杀了。

从此，李治每次上朝，你都要在一旁听政，并且大小政令的出台都要经过你的同意。

头风病 以慢发性、阵发性头痛为主要表现的一种疾病，比较类似西医所说的偏头痛。头风发作时，人会感觉头部又闷又痛，脸上还会出很多汗。

小窍门

要想准确地掌握敌人的一举一动，最好能在他们内部安排一个或几个卧底。

上官仪 大约出生于公元608年，从小就喜欢经史典籍，是唐朝著名的政治家和诗人。他的诗大多以歌功颂德为主，辞藻华丽。由于他地位显赫，当时有很多人模仿他的风格，他的诗被称为"上官体"。

噩梦连连 你常常梦见王皇后和萧淑妃披头散发，在宫中作祟。所以你执掌朝政后，就常住东都洛阳，再也不回长安。

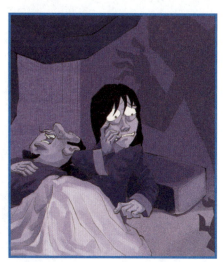

阻挡儿子当政

公元 666 年，你跟随李治封禅泰山时，请求为大臣们加官进爵，百官因此对你充满感激。不久，你又上表"建言十二事"，得到大家的高度认可。从此，你在朝中的威望大大提高，并与李治一起被称为"二圣"。

由于病情加重，李治打算让你执政，谁知遭到宰相郝处俊阻止，最后只得让太子李弘处理朝政。可没过几天，太子陪李治出游时，不幸猝死。你心想："就连老天爷也在帮我呀！"不过也有人说太子是被你毒死的，至于真相到底是什么，你从来都没提起过。

李治大受刺激，情急之下，只好将你的二儿子李贤立为新太子。李贤成为太子后很想出人头地，便迅速发展自己的势力。你感到十分不安，于是使用计谋将他贬为平民，然后把性情温和的三儿子李显立为太子。

建言十二事 鼓励发展农业，减轻赋税；长安地区要经常免徭役；以德治国，不要总是打仗；禁止华而不实；节省人力、物力；广开言路；杜绝谗言；王公以下的人都要学习《老子》；父亲健在的，要为母亲服孝 3 年；任职 5 年以上有功官员不再考核；八品以上的官员增加俸禄；在位已久、地位低的官员可以晋升。

封禅泰山 封禅是指中国古代帝王在太平盛世或天降祥瑞时祭祀天地的大型典礼。古人认为群山中泰山是最高的，因此人间的帝王应该到泰山去祭过天地，才算受命于天。

郝处俊 一个很正直、坚决捍卫李氏唐朝的大臣，10 岁就失去了父亲，懂事很早。李世民当皇帝时，他考中了进士，李治称帝时升迁为吏部侍郎。

47

扫除障碍

公元 683 年，李治病逝，临终时留下遗诏传位给太子李显，国家大事不能决定的就交给你处理。

李显登基不久，就要破格提拔韦皇后的父亲为侍中。你担心皇权落入韦皇后家人手中，便以此为由，将李显废为庐陵王，转而立最小的儿子李旦为皇帝。但是你并不让李旦干预朝政，而是自己当家做主。

你知道有不少人反对你专权，为了扫除政敌，你大开告密之门，并采用酷刑将那些备受争议的官员折磨至死。一时间，整个朝廷都弥漫着恐怖的气氛。接着，你设法逼死了二儿子李贤，又把三儿子李显软禁起来，然后将李旦安置在别的宫殿，自己则以太后的身份执政。

李显 公元 656 年 11 月出生在长安，是唐高宗李治的第七个儿子，也是唐朝第四位和第六位皇帝。相传，他最后是被韦皇后和女儿安乐公主合谋毒死的，去世时 55 岁。

侍中 最早设置于秦朝，直接为皇帝指派。后来很多朝代都设立侍中，但地位和职能各有不同。唐朝时，侍中是门下省长官，相当于宰相的职位。

李旦 公元 662 年 6 月出生在长安，从小就聪明好学，擅长草书和隶书。他是唐高宗的第八个儿子，曾两次登基做皇帝，先后将天下让给母亲、哥哥和儿子。

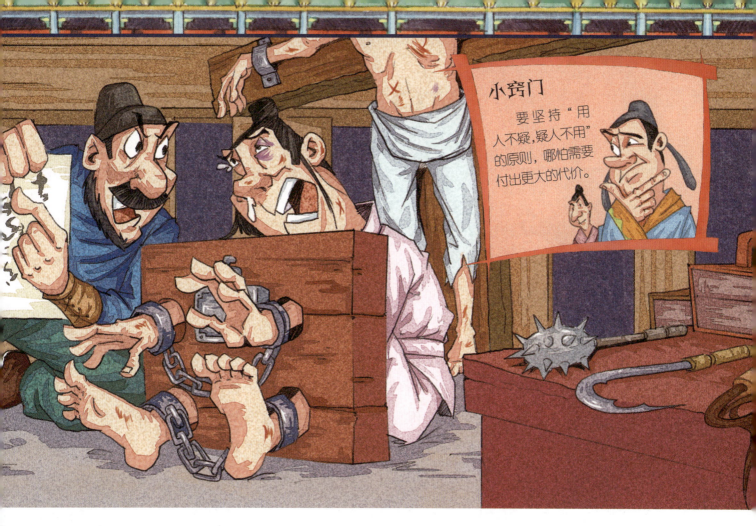

小窍门

要坚持"用人不疑，疑人不用"的原则，哪怕需要付出更大的代价。

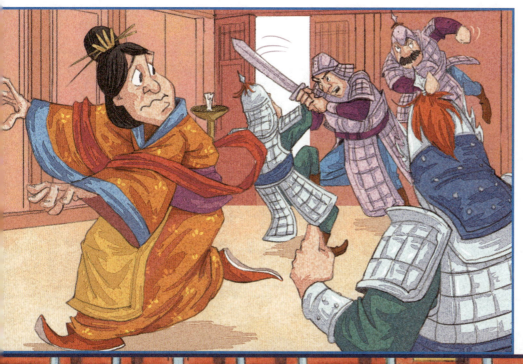

韦皇后 唐中宗李显的第二任皇后，育有一儿四女，即懿德太子李重润、永泰公主、永寿公主、长宁公主和安乐公主。她是个野心很大的人，一心想效仿你，结果葬送了自己。

登基为帝

你执政后，虽然仍遭到一些大臣和宗室贵族的反对，但他们看到你对亲生儿子都如此狠毒，就再也不敢有所行动了。

然而，你并不满足于太后执政的地位。有个叫薛怀义的和尚看出了你的心思，于是伪造了一本佛经，说你是佛祖派到人间来代替唐朝皇帝统治天下的主人。你看过之后立即下令颁行天下。几个月后，又有个叫傅游艺的官员，代表关中900多名百姓上书，请求你即位称帝。你一面推辞，一面提升了傅游艺的官职。最后，拥护你的人越来越多。

公元690年9月，你终于接受大家的请求，废除李旦，自称圣神皇帝，改国号为周。这一年，你67岁。

建明堂 你把明堂当作自己得天命的标志和天朝国运的象征，因此对此极为重视。明堂始建于公元687年，一年后完工。它的底基是个边长90米的正方形，高约88米，又被称为"万像神宫"，在那个年代达到了建筑行业的巅峰水平。

铸大像 明堂建成后，你又命人造大像。大像的小指都可以容纳几十个人，被放在明堂北边的一个五层高的建筑里。其总花费数以万亿计，给国家财政带来了巨大负担。

改都城 你将东都洛阳定为都城，并进行大规模的改造和翻新，使其完全可以和长安媲美。

改年号 你改元年为"天授"，意在向世人宣扬，不是你夺取了李家王朝，而是上天的意思。

50

辉煌的政绩

你登上皇位后，始终把富民强国作为头等大事，因此维系和发展了太宗和高宗时期的繁盛局面。你所取得的成就主要表现在这些方面：

政治上，你深知依靠严刑酷法，只能打击那些反对自己的人，而国家的发展必须依靠人才，所以你在位期间，从中央到地方，掌握实权的多是贤才。

经济上，你兴修水利，极大地解决了农田灌溉等问题；重视农业生产，将农业收成的好坏和户口的增减作为地方官政绩考核的重点；还亲自组织一批人编写了一本农书，以指导农业生产。

军事上，你加大了对军队建设的投入，并创造性地设立武举，发掘了很多能征善战的将领，进一步扩大了唐朝的疆域。

不得不说，你真的是个才华横溢的女性。

小窍门

经济基础决定上层建筑，一定要把发展经济放在治理国家的首要位置，这样也能更好地稳固自己的统治。

首创殿试 殿试是科举考试的最高级别，由你亲自出题，在皇宫的大殿内考试，通过考试的人就可以成为进士。

爱惜人才 “初唐四杰”之一骆宾王写了一篇谩骂你篡权夺位的文章，言词非常精彩。你看过之后不仅没有发怒，反而被他优美的文笔吸引，不禁感慨道：“这样的人才，怎么让他流落？这实在是宰相的错误啊！”

创造文字 你创造并颁布使用的文字有二三十个之多，其中最出名的就是你为自己取的名字“曌”。它的意思非常明显，即日月当空，普照大地。

惨遭政变

可是，再优秀的人也无法抵抗岁月。到了公元705年，你已经82岁了，体弱多病，无法下床，只有宠臣张易之和张昌宗兄弟在一旁服侍。宰相张柬之联合禁军统领李多祚等大臣，趁机率军冲入宫中，杀死张氏兄弟，随即将你团团围住，逼你让位给李显。你再也没有一点儿力气跟他们抗衡了，只能惟命是从。

李显即帝位后，将国号恢复为唐，你则被移居上阳宫。至此，你15年的辉煌时代彻底画上了句号。同年12月，你病死在上阳宫。临终前，你留下遗诏以"则天大圣皇后"的身份，将自己葬在高宗身边，并为你立一块无字碑，意思是你这一生的功过，由后人评说。

你死后

后宫 由于李显软弱无能，韦皇后和他们的女儿安乐公主开始干预朝政，朝廷一片混乱。

上阳宫 唐高宗李治于公元667年在东都洛阳时修建，供后妃居住和官员家属游玩。高宗曾在这里处理过朝政。

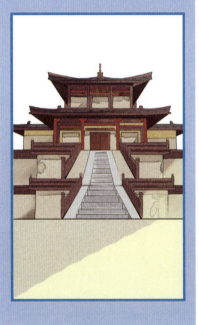

小窍门 做一些有意义的事情打发时间吧。你喜欢阅读，为什么不让宠臣把自己的创作读来听听呢？

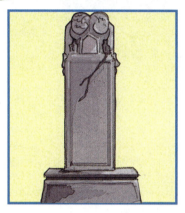

无字碑 李显按照你的要求，为你立了一块无字碑，没想到成为世界奇观。

不朽 虽然人们对你的争议很大，但你仍然创造了中国历史上的神话——唯一一位女皇帝！

子孙 李显被妻子和女儿毒死后，这母女二人便独揽大权。李旦的三儿子李隆基对此非常不满，于是发动政变，将她们杀死，拥护父亲做了皇帝，自己则成为太子。公元712年，李旦厌倦了皇位，就让位给太子李隆基。

人物关系图

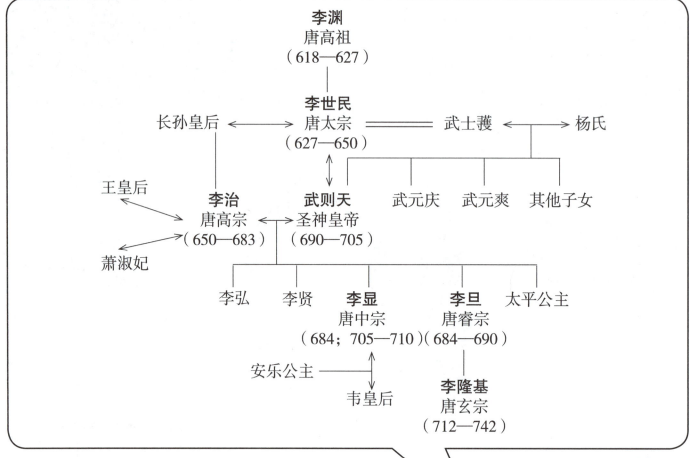

李渊
唐高祖
（618—627）

李世民
唐太宗
（627—650）

长孙皇后 ←—→ 李世民 唐太宗 ══════ 武士彟 ←—→ 杨氏

武元庆　武元爽　其他子女

王皇后

李治
唐高宗
（650—683）

武则天
圣神皇帝
（690—705）

萧淑妃

李弘　李贤

李显
唐中宗
（684；705—710）

李旦
唐睿宗
（684—690）

太平公主

安乐公主

韦皇后

李隆基
唐玄宗
（712—742）

＊以上所有时间只是在位
　时间，并非生卒年份。

══════　表示君臣关系

←——→　表示夫妻关系

———　表示子女

庄妃传奇

导　读

现在是公元 17 世纪，你是布木布泰，生活在美丽的科尔沁大草原。你父亲是这里的首领，大家都称他为宰桑贝勒*。过去，科尔沁由于地处明朝、察哈尔与后金的交界处，成为大家竞相占夺的宝地，人们每天都过着东奔西逃的生活。为了保护部族，你的祖先最终选择了依附后金，并通过联姻巩固双方的关系。

公元 1625 年，你父亲决定将你嫁给后金大汗努尔哈赤的第八个儿子皇太极为侧福晋。而早在 11 年前，你的姑姑已经嫁给皇太极为大福晋。可是，她一直没为皇太极生下儿子。这在你父亲看来并不是一次成功的联姻，而随着后金的不断强大，他意识到后金必将统一蒙古各部，于是只好忍痛割爱，将你远嫁后金。这一年，你只有 13 岁，身在异国他乡，并且不懂他们的语言，你能承担得起家族的使命吗？

*清代皇室爵位，有时也会授予蒙古人，地位在亲王和郡王之下。

远嫁后金

公元1613年3月28日，你出生在蒙古科尔沁部一个显赫的世家。你的父亲宰桑贝勒是这儿的首领，他非常疼爱你，给你取名布木布泰，意思是"天降贵人"。你长大一些后，他专门聘请一些文人学士教你读书写字，还为你精心挑选了一个既懂事又机灵的贴身侍女。

这个侍女的名字叫苏沫儿，在她的陪伴和照顾下，你的童年过得无忧无虑。然而，美好的时光总是稍纵即逝。公元1625年，你在哥哥吴克善的护送下，来到后金都城沈阳，嫁给后金大汗的儿子皇太极为侧福晋，与你的姑姑共伺一夫。苏沫儿也跟随你到了后金，在这个完全陌生的环境里，她不仅是你的侍女，更是你相依为命的好姐妹。

亲爱的家人

宰桑　音译词，有"宰相"的意思。他姓博尔济吉特，名布和，是成吉思汗的弟弟哈萨尔的第十七代子孙。

吴克善　你父亲的长子，也是你同父同母的哥哥，在科尔沁被尊为卓里克图亲王。

姑姑　名叫哲哲，出生于公元1599年，是科尔沁贝勒莽古斯的女儿，也是你父亲的妹妹，16岁那年远嫁给皇太极为妻。

小窍门
临走之前跟你的家人一起吃顿饭吧，因为以后可能没有这样的机会了。

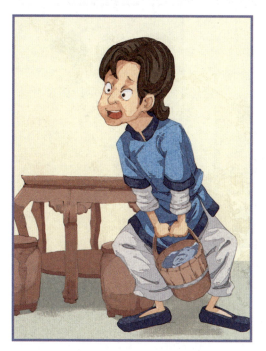

苏沫儿 公元1612年出身于一个普通的牧民家庭，非常能干，最主要的是对你忠心。你嫁到后金后，有很多重要的事情都是她帮你完成的。

沈阳 后金是努尔哈赤于公元1616年建立在明朝东北部的政权。公元1625年他将都城从辽阳迁到沈阳，就是现在的辽宁省沈阳市。公元1634年，皇太极将其改名为"盛京"。

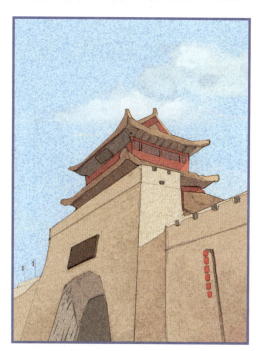

受封庄妃

你入宫后的第二年，后金大汗努尔哈赤因伤去世，皇太极被举荐为继承人。他登上汗位后，你被封为侧妃，你的姑姑就是大妃。

在姑姑的庇护和教导下，你渐渐适应了宫中的生活，还先后为皇太极生下了三个可爱的女儿，但你心里依然充满了担忧："如果我不能生一个带有蒙古血统的儿子，岂不是又会令父亲失望吗？"

公元 1634 年，你的姐姐海兰珠跟随母亲来京探亲时，她独特的气质深深吸引了皇太极。之后她就嫁入宫中，深受皇太极的宠爱。

两年后，皇太极将国号改为大清，同时在他众多妻妾中分封了五宫后妃。你的姑姑理所当然成为皇后；你的姐姐被封为宸妃，地位仅次于皇后；而你则被封为永福宫庄妃，在五宫之中地位最低。

学习 这里和草原完全不一样，所以宫里的规矩、穿着打扮、语言文字等都需要学习。苏沫儿在陪伴你学习期间，精确地掌握了满语，还写得一手漂亮的满文。

海兰珠 你同父异母的姐姐，出生于 1609 年，嫁给皇太极时已经 26 岁了，因此有人猜测她曾嫁过一次人。

五宫制度 依次为中宫清宁宫、东宫关雎宫、西宫麟趾宫、次东宫衍庆宫和次西宫永福宫，这五宫的后妃地位远高于其他妃子。

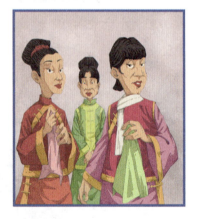

你的女儿 即皇太极的四女儿固伦雍穆长公主、五女儿固伦淑惠长公主和七女儿固伦端献长公主。她们成年后，都嫁给了蒙古贵族。

小窍门

生活上有什么困难就去找你的姑姑帮忙，毕竟她是后宫中权力最大的人。

63

艰难生下九皇子

虽然位居五宫之末，你一点儿也不难过，甚至常常想："说不定姐姐能给我们科尔沁带去荣耀呢！"果然，在公元 1637 年 7 月的时候，你的姐姐生下一个男孩，他是皇太极的第八个儿子。看到心爱的妃子为自己生下儿子，皇太极欣喜若狂，竟一开先例，在笃恭殿颁发了一道大赦天下的圣旨。

可是好景不长，这个被皇太极视为皇位继承人的儿子不到 2 岁就去世了，连名字都没有留下来。当大家还沉浸在悲痛中时，两天后，你顺利生下了皇太极的第九个儿子——福临。

不过这个喜讯并没有给皇宫带来一丝喜悦的气氛。公元 1641 年 9 月，你的姐姐由于过度思念儿子去世了，皇太极也因此深受打击。

笃恭殿 中国古代的宫殿一般都由前朝和后寝两部分组成。前朝是皇帝临朝理政和举行国家典礼的地方，笃恭殿就是当时盛京前朝的中心。

小窍门

照顾好你的儿子，因为宫中有很多人都希望他死。

取名字 据说你儿子出生时红光满天，因此给他取名为福临，意思是"福气降临"。

追封 你的姐姐去世后，皇太极为她举行了隆重的丧礼，并赐谥号敏惠恭和元妃，这在清代妃子的谥号中字数是最多的。

大赦令 古代帝王在登基、立皇后、立太子等，或遭遇大天灾时，通常会赦免一批罪犯。你的儿子出生时，并没有享受这样的待遇。

为夫分忧

经过这件事，皇太极的精神状态大不如前，但他必须振作起来，为大清的统治而努力。

公元 1642 年 3 月，清军在松锦之战中俘虏了明朝蓟辽总督洪承畴，并将他押解到盛京。皇太极迫切希望洪承畴能够归降，为他效力，于是派范文程等大臣前去轮流劝说。谁知洪承畴根本不为所动，急得皇太极寝食难安。

你很想为自己的丈夫做点什么，可后宫不得干政，这是由来已久的规定。于是，你只好通过旁敲侧击，建议皇太极从洪承畴的思想弱点入手。皇太极实在想不出其他办法，便按你说的去做，没想到真的成功了。不过，也有人说是你亲自去劝降的。但不管怎样，你都为招降洪承畴做出了重要贡献，也提高了你在皇太极心中的地位。

明朝 中国历史上最后一个由汉族建立的中原王朝，公元 1368 年由朱元璋建立，公元 1644 年灭亡，共历时 276 年。

松锦之战 公元 1640 年由皇太极发动，明、清双方各投入十几万大军参战，共历时 2 年，最后以明朝军队的惨败告终。这次战役以后，明朝再也没有能力与清军抗衡了。

洪承畴 公元 1616 年考中明朝进士，松锦之战后投降清朝，提出了很多有利于淡化满汉差异的意见，对清朝的功劳非常大。

范文程 明朝人，出生于公元 1957 年，从小就喜欢读书，18 岁时考取秀才。公元 1618 年，后金军下抚顺，他主动求见努尔哈赤，投靠后金。

顾全大局，拥儿即位

公元 1643 年 9 月，大清国泰民安，征战一生的皇太极却突然身亡。由于他生前没有确立皇位继承人，导致最有权势的睿亲王多尔衮和肃亲王豪格展开了激烈的皇位争夺战。

你心里非常清楚，大清的江山一定要保住，可是他们二人相争，无论谁取得胜利都会引起内乱，因此最好的办法就是另选继承人。而当时在五宫之中，只有你和麒趾宫贵妃有儿子，可他的儿子比福临还小 3 岁。你在姑姑的支持下，主动去说服其他势力，让他们拥护福临为皇帝。

多尔衮见形势不利，便率先提出拥福临为帝，但需由他和郑亲王济尔哈朗共同辅政。经过商议，大臣们都觉得这个意见可行，豪格被逼无奈，也只得同意。

多尔衮 出生于公元 1612 年，是努尔哈赤的第十四个儿子，16 岁时因屡立战功而获得"墨尔根代青贝勒"的称号；公元 1636 年，又因战功被封和硕睿亲王。

豪格 出生于公元 1609 年，是皇太极的长子，生母是乌喇那拉氏。公元 1636 年，他因军功被封为肃亲王。公元 1647 年，他被多尔衮陷害削爵入狱，不久便死在狱中。

济尔哈朗 从小就生活在努尔哈赤的宫中，并由他抚养长大，因此与他的儿子们关系很好，尤其是皇太极。公元 1636 年，他被皇太极封为和硕郑亲王，对皇太极非常忠心。

小窍门

如果你的儿子当了皇帝，在他生前一定要确立皇位继承人，避免再次发生内乱。

子以母贵 古代帝王之家，在儿子即位之前是子以母贵，儿子当上皇帝以后就是母以子贵了。由于麒趾宫贵妃嫁给皇太极前曾结过一次婚，所以你的出身比她尊贵得多，那么福临的地位也就更尊贵。

皇位不稳

公元 1643 年 10 月，年仅 6 岁的福临登基，成为顺治帝，你成为了皇太后。虽然福临已经君临天下，可国家大权多掌握在多尔衮手中，所以你们必须对他既笼络又控制。你让多尔衮担任了摄政王一职，地位在一人之下，万人之上。

现在多尔衮位高权重，竟又想控制幼帝，还规定福临得和你分开生活，并且每个月只能跟你见一次面。你别无选择，只得答应他的要求。

第二年 4 月，从山海关内传来农民领袖李自成推翻明朝统治的消息，清廷上下都很震惊。这时，明朝降官吴三桂因对李自成不满，向多尔衮请求出兵攻打李自成。多尔衮认为这是统一全国的好时机，于是决定立即入关。两个月后，他率领的清军打败了李自成的军队，而他称帝的野心再一次膨胀，竟在明朝大殿内接受旧臣的朝拜。

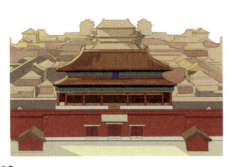

北京 一座有着 3000 多年历史的古都，在不同的朝代有不同的称呼。公元 1403 年，朱棣取得帝位后正式命名为北京，公元 1420 年迁都北京后，将北京城称作京师。

担心 人们只听说过摄政王多尔衮，而不知道有顺治皇帝，你因此坐立不安。

小窍门

你一定有很多话想对你的儿子说吧，在见他之前就把这些想好。

终于能见到儿子了！

山海关 因北靠燕山、南连渤海而得名，公元1381年开始设立关卡，是明长城在东北部的关口之一。它的防御系统非常完善，有"天下第一关"的美称。

偷偷联络 福临年幼无知，很多事情都需要你帮助，于是苏沫儿成为你们秘密联络的纽带。

儿子亲政

很快，这件事传到你的耳中，你于是赶紧下旨将都城迁到京师。公元 1644 年 9 月，你带着福临，在济尔哈朗的护送下终于抵达京师。10 月，陈旧的皇宫焕然一新，福临坐在高高的御座上，成为清朝第一位入关的皇帝。而他根本不懂这其中的含义，只有坐在他旁边的你明白自己今后肩上的担子有多么沉重！

你们迁都不久，多尔衮由于战功卓著，权势越来越大，竟完全不把福临放在眼里，时刻威胁着皇帝的地位。为了充分满足他的权利欲望，你继续委曲求全，将他封为皇叔父摄政王，后来又封为皇父摄政王。

直到公元 1650 年冬天，多尔衮外出狩猎时意外身亡，福临才开始亲政。

太和门　公元 1420 年建成，称奉天门。公元 1644 年，你儿子就是在这里举行入关典礼的，还颁发了一道大赦令，第二年便将它改名为"太和门"，一直沿用到现在。

留都　古代王朝迁都以后，旧都仍然安排官员留守，因此称为"留都"。你们迁都京师以后，盛京就被称作留都。

皇父　这只是一种尊称，也是你笼络多尔衮的手段，让他以为自己的身份至高无上，而为来之不易的江山效力。

小窍门
忍耐或许是最好的办法，静观其变吧！

下嫁之谜 很多人认为你为了稳定福临的统治，不得已下嫁多尔衮，但更多人认为这不太可能，毕竟福临的皇位是在复杂而激烈的争夺中确立的。

母子不和

虽然福临终于摆脱了傀儡身份，但他毕竟还只是一个十三四岁的少年，你依然是他强有力的保护者。多尔衮去世两个月后，你建议福临以"谋篡大位"等罪名，对多尔衮进行削爵毁墓，同时清洗他的党羽。为了加强皇权，你又让福临下旨宣称一切奏章都必须由他亲自批阅，且不必告诉济尔哈朗。

如今到了福临成婚的年龄，你非常重视满蒙联姻的传统，先后将自己的侄女和侄孙女封为皇后。然而，福临并不喜欢你选定的皇后和妃子，偏偏钟情于董鄂氏，还一度想立她为皇后。可这样做必将影响满蒙关系，大清统治也会动摇。于是你毫不犹豫地对他的打算进行了干预，你们母子之间也因此渐渐出现隔阂。

清算罪证 一个月前，福临还把多尔衮追封为"义皇帝"，随着那些长期被他压制的大臣的上奏，他又成为千古罪人。这也是你非常乐意看到的。

董鄂氏 出生于公元1639年，满洲人，是大臣鄂硕的女儿，公元1656年入宫，不久就先后被册封为贤妃和皇贵妃。她22岁时去世，被追封为"孝献端敬皇后"。

小窍门

赶紧把国家大权都握在自己手中，避免让历史重演。

唯一的废后　你哥哥吴克善的女儿，由多尔衮生前选定，公元1651年与福临完婚。两年后，福临以"无能"为由，废除了她的皇后之位，她是清朝唯一的废后。

重立皇后　公元1654年5月，你的侄孙女嫁入宫中成为妃子，6月就被册封为皇后。3年后，福临原本想再次废除皇后，并立董鄂妃为皇后，最后由于你的阻止而没有实现。公元1718年，她被康熙追封为"孝惠皇后"。

立皇孙为帝

　　公元 1660 年，董鄂氏由于体弱多病，不幸去世，福临从此便不再处理朝政，也不来拜见你，只是一心想着出家。你对他极度失望，于是早早地选定了皇位继承人。不料，第二年福临因染上天花英年早逝，你在悲痛中宣布了他生前立下的遗诏，由他 8 岁的儿子玄烨继承皇位，你成为了太皇太后。

　　玄烨就是历史上又一千古明君康熙皇帝。因为康熙年纪尚小，按照惯例，就得采取太后垂帘听政或大臣辅政的制度。有很多大臣建议由你垂帘听政，但你都以"后宫不得干政，更不得垂帘听政"为由拒绝了。而鉴于历史经验，你坚决反对摄政王辅政制度，并提出由顺治遗命选定的四位满族大臣索尼、遏必隆、苏克萨哈和鳌拜共同辅佐康熙。

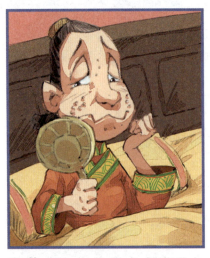

天花　由天花病毒感染引起的一种烈性传染病。天花病毒是痘病毒的一种，人被感染后没有特效药可治，不过得过的人就不会再得了。患者痊愈后脸上会留有痘印，"天花"因此而得名。

遗诏　福临生前并没有立太子，你劝说传教士汤若望去说服他将玄烨选为继承人，福临最终因玄烨出过天花，接受了他的建议。

奉天承运，皇帝诏曰……

这些书可真有趣！

玄烨　出生于公元 1654 年，是顺治的第三个儿子，母亲是慈和皇太后。他聪明好学，而且胸怀大志，深得你的喜爱。后来，他成为中国历史上在位时间最长的皇帝，共 61 年。

小窍门

派人把你儿子用过的衣物都烧掉，以免传染给其他人。

臣等建议由太皇太后垂帘听政！

摄政王和辅政大臣 摄政王都是皇室近亲，军政地位特殊，权限是代替皇帝执政；辅政大臣都是异姓臣子，只能辅佐朝政，受皇太后约束。

77

辅佐皇孙

康熙 10 岁这年又失去了母亲，从此你便对这个可怜的孩子备加关爱。本以为有了四位大臣全力辅政，你就可以一心培育康熙，谁知鳌拜很快就暴露出专横霸道的本性。他仗着康熙年幼无知，你又身居后宫，便独揽朝中大权。朝廷上下虽多有不满，但又不敢与他抗衡，就连其他辅政大臣也受他打压。

公元 1667 年，终于等到康熙亲政的年龄了，但鳌拜倚仗权大势大，不仅没有收敛，反而变本加厉，还逼迫康熙处死了苏克萨哈，使得康熙的帝位有名无实。

对此，你和康熙都感到非常焦虑，可鳌拜的势力已经根深蒂固，对他的处置如果稍有不当，就会给国家和百姓带来灾难。于是你冷静下来，暗中和康熙商量了一个绝妙的计划。

四位辅政大臣

索尼 姓赫舍里，是后金的开国功臣之一，位居四大辅臣之首。公元1665年，为了分化鳌拜的势力，你将他的孙女召入宫中，册封为康熙的第一任皇后。他们结婚不久，索尼就去世了。

遏必隆 姓钮钴禄，曾跟随皇太极夺取明朝的广大疆土。公元1665年，他的女儿和索尼的孙女一同入宫为妃，公元1677年成为康熙的第二任皇后。

苏克萨哈 姓纳喇，曾告摄政王多尔衮图谋不轨有功。康熙亲政之初，他上了一道意在与其他辅臣一起退休的奏折，鳌拜感到非常不满。

鳌拜 出身瓜尔佳氏，精通骑射，有"满洲第一勇士"的美称，后来因专权被抓，老死在囚牢中。你曾经为了疏远他，没有将他的女儿纳入宫中，而是指婚给了宗室郡王。

智擒鳌拜

从这以后，康熙就在宫中悄悄训练一群布库少年。公元 1669 年 5 月的一天，康熙借口要跟鳌拜商议一些事情，在武英殿内召见他。在这之前，你们为他准备了一把特制的椅子——一条腿被锯断了，但又轻轻地拼了上去；同时在殿内安排了十几个厉害的布库少年。

鳌拜来的时候，侍卫索额图见他身上还带着刀，便说："皇上大了，您还带着刀，会吓着他的。"鳌拜于是把刀交给了他，然后进到殿内。他坐下以后，康熙让布库少年扮的假太监给他送去一碗茶。那个碗是用开水煮过的，鳌拜刚接过来就"啪"地掉在了地上。就在他俯身捡茶碗时，椅子也倒了，他也连带着摔倒了。于是，那些少年赶紧冲了出来，此时的鳌拜还以为大家是来救他的，等他反应过来，已经被牢牢抓住了。

布库 "摔跤"的满语，一种背靠背的摔跤游戏。宫里的人看到康熙整天和这群少年一起"玩耍"，都以为这是他的天性，就连鳌拜也相信了。

武英殿 康熙即位后在保和殿住了 8 年，你认为这里是用来举行典礼的场所，不适合做寝宫，于是决定重修承乾宫给他住，而在重修期间，康熙暂时住在武英殿。

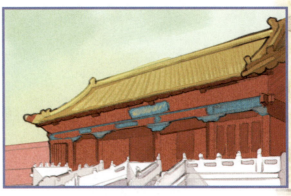

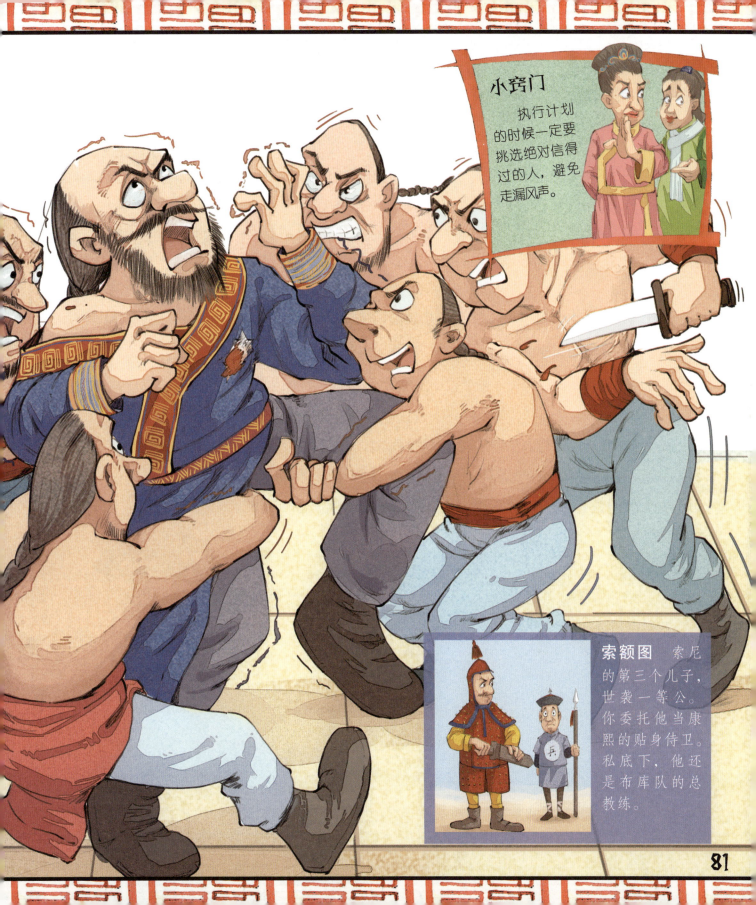

小窍门

执行计划的时候一定要挑选绝对信得过的人，避免走漏风声。

索额图 索尼的第三个儿子，世袭一等公。你委托他当康熙的贴身侍卫。私底下，他还是布库队的总教练。

幸福的晚年

随着鳌拜被抓，他的党羽很轻易地就被铲除了。经过这件事，你对康熙表现出来的智慧和胆识非常满意，也很放心让他独自处理朝政，只是偶尔给一些建议。而事实证明，他的确是一位出色的皇帝，尤其是后来又成功平定了"三藩之乱"。

现在国家稳定，皇帝成熟，你终于可以安享晚年了。对你而言，这一生最大的幸福莫过于有一个孝顺的皇孙。你们的感情非常深厚，30年来，康熙几乎每天都会来给你请安，陪你说笑。

公元1687年12月，74岁的你突然病倒，康熙日夜陪伴在你身边，亲自为你侍奉汤药，还多次为你祈福。可是，自然规律谁也无法抵抗，公元1688年1月，你带着家族的使命，走完了你不平凡的一生。

哇，我太激动了！

尚可喜 明朝降将，公元1633年投降后金，为清朝的建立和巩固立下汗马功劳，公元1649年被封为平南王，镇守广东。

耿精忠 出生于公元1644年，明朝降将。公元1671年，他的父亲去世后，世袭为靖南王，仍然镇守福建。这以后，他不断发展自己的势力，最后产生取代朝廷之心。

三藩

吴三桂 明朝人，曾担任辽东总兵。明朝灭亡后，他向多尔衮求救，并带领清军入关，被封为平西王。

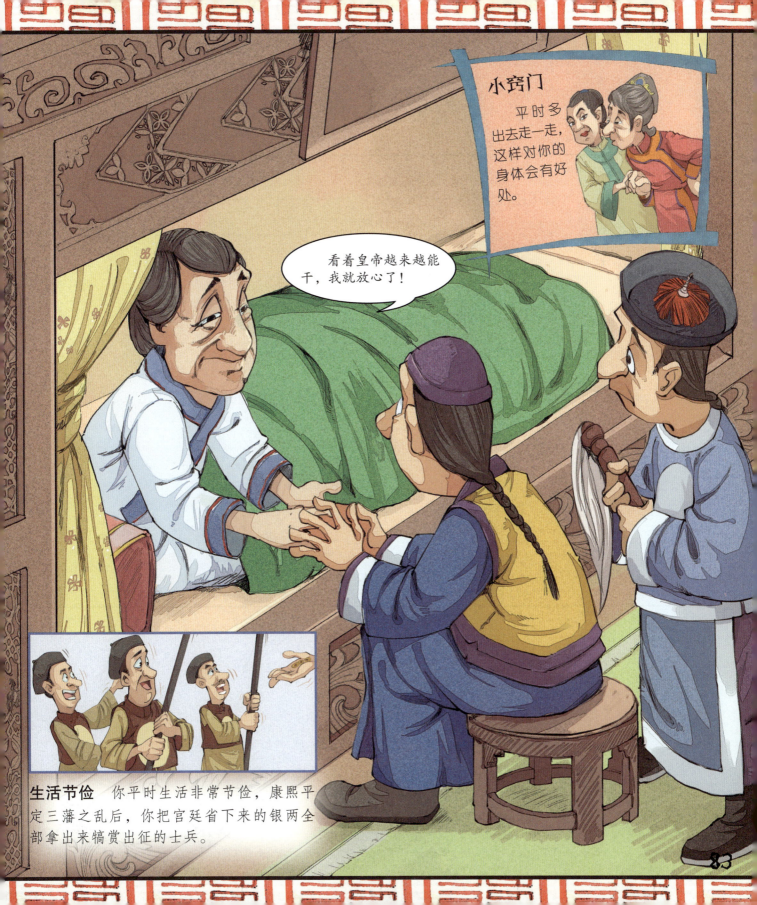

小窍门

平时多出去走一走，这样对你的身体会有好处。

看着皇帝越来越能干，我就放心了！

生活节俭 你平时生活非常节俭，康熙平定三藩之乱后，你把宫廷省下来的银两全部拿出来犒赏出征的士兵。

人物关系图

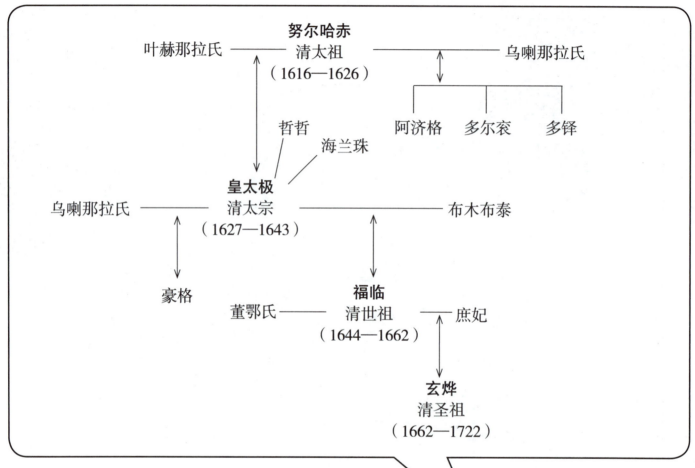

努尔哈赤
清太祖
（1616—1626）

叶赫那拉氏

乌喇那拉氏

阿济格　　多尔衮　　多铎

哲哲

海兰珠

皇太极
清太宗
（1627—1643）

乌喇那拉氏

布木布泰

豪格

董鄂氏

福临
清世祖
（1644—1662）

庶妃

玄烨
清圣祖
（1662—1722）

＊以上所有时间只是在位
　时间，并非生卒年份。

—————　表示夫妻关系

←———→　表示子女

慈禧垂帘听政

导 读

你叫叶赫那拉·杏贞，出生在满洲镶蓝旗一个世袭官宦之家，你的父亲当时只是一个小小的文职人员。在你呱呱坠地的一瞬间，除了为你的父母增添一份欣喜，并没有引起人们过多的关注。如同普通的八旗女孩一样，你跟随母亲学做女红，细心照顾弟弟妹妹，每日练习书法，等待着选秀的来临。

经过严苛的选秀，你被选入后宫。你入宫后不久，父亲便病逝了，在人情冷漠的深宫中，你不得不使出浑身解数谋求帝王的宠爱。你生下了皇帝第一个也是唯一一个活到成年的儿子，你从小小的贵人变成了贵妃，你尝到了权力的滋味，再也不舍得放下它。

机会来了，你的丈夫病逝了。你年仅5岁的儿子坐上了乾清宫的宝座，你成为了圣母皇太后。为了成为这个帝国的实际掌控者，你玩弄权术，打压排除异己，甚至在生命的最后一刻，你仍牢牢掌握着扶立新帝的大权，不肯放手。你掌握着国家大权，却挽救不了日薄西山的清王朝的命运。最终你逃不过死神的召唤，长眠在冰冷的地宫中，精心收集的奇珍异宝也被盗墓贼搜刮一空。

初入宫闱

清朝选秀过程

清朝选秀女一般为每三年一次，由户部主办，年龄在 13 到 17 岁之间、符合条件的八旗少女均需参选。

初选 主要淘汰一些长得不好看或患有疾病、说话口吃等不合规定的秀女。为了通过初选，你要给负责检查的太监、宫女银钱，否则他们可是会使绊子的。

公元 1851 年，你怀着忐忑不安的心情参加选秀，这是很多满族女孩子都必须经历的。虽然父亲的官职不高，但是你凭借姣好的容貌和端庄的仪态中选，这令你和你的亲人欣喜若狂。带着对家人的不舍和对未来的期待，你走进了重重深宫。

可是，皇宫的生活并不如你想象的那么美好，贪花好色的咸丰帝很快就将你抛在脑后，太监宫女的偷奸耍滑、后宫嫔妃的轻视嘲笑都让原本自尊心极强的你备感屈辱。你意识到摆在你面前的道路只有两条：一是竭尽所能，获得皇帝的宠爱，在夹缝中求得生存；二是听任命运的摆布，最后很有可能成为后宫倾轧的牺牲品。你当然不甘心成为后宫争斗的垫脚石，于是暗暗下定决心，要成为能在后宫里呼风唤雨的人。

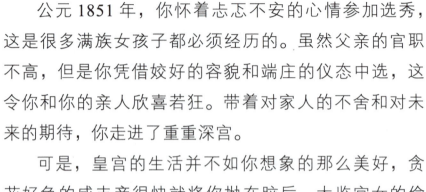

复选 主要由皇帝和皇后亲自阅看，你展示了自己的绣品，回答了几个关于《女诫》的问题，得到了皇帝的肯定。

入宫留宿 经过初选和复选的秀女将会入宫留宿一月，在这期间，秀女们的一举一动都至关重要。皇帝和后妃会根据你们的表现将你们纳入后宫或进行指婚。

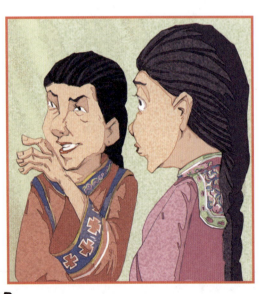

小窍门

在自己还不够强大时，忍让是最好的选择。

母凭子贵

　　很快，3年过去了，你由贵人升到了嫔，皇帝也还算宠爱你。但你深深懂得，光凭美色得来的宠爱不会长久，想要在后宫中地位巩固，只有生育子嗣，母凭子贵。而且已经大婚7年却尚无子嗣的咸丰帝内心更是焦躁不安，你心知：只要生下儿子，就能在后宫里屹立不倒，永享富贵。

　　你百般讨好皇帝，精心调理身体，公元1856年4月27日，你终于如愿以偿，生下了一位皇子。咸丰帝兴奋不已，当即加封你为懿妃，一年后，又封为懿贵妃，成为后宫中仅次于皇后的第二人。你就此满足了吗？当然没有，你要牢牢把握住皇帝的心，你要让自己的儿子成为独一无二的继承人，你更想成为这个帝国的女主人。

后宫里的人

皇帝　整座皇宫里的主宰，后宫里的人无一不因他的喜怒哀乐而浮沉起伏，人人都为争夺他的宠爱而费尽心力，而他的一句话能将人打入地狱。

皇后　拥有管理后宫的权力，后宫中所有的嫔妃、宫女、女官都是她的下属。她有权利对众人进行训诫和惩罚，如果你不小心冒犯了她，很有可能见不到皇帝了。

放肆！

嫔妃　在后宫只能依靠皇帝的宠爱，但皇帝的宠爱是有限的，于是她们使出浑身解数，搬弄是非、陷害、结盟，你在后宫的生活可谓步步惊心。

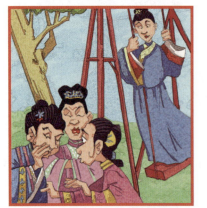

太监、宫女　看似生活在后宫的最底层，却不能小视。在你得宠时，他们谄媚奉承；在你失宠时，他们落井下石。传播流言蜚语更是他们的拿手好戏，一不小心，你的名声就会被毁坏殆尽。

小窍门

多打听皇帝的喜好，千万别不小心触怒了他。

91

参与政事

　　你的丈夫并不是一个具有雄才大略的君主，更何况当时的清王朝正处于内忧外患之中。在朝政上无所作为的他寄情声色，懒于国事，有些奏章就让你代笔批阅。这是因为你能读写汉文，这在当时的满族妇女中是极其可贵的。满族妇女与汉族妇女一样，不能入学，文化知识的获取途径十分单一。因此，你是宫中少见的既能掌握满语，又能读写汉语的嫔妃。

　　于是，你借着替咸丰帝批阅奏折的机会，慢慢学习如何处理朝政，后来有意识地向皇帝建言献策。不料，你的这一举动引起咸丰帝的警惕，他开始怀疑你的一举一动，更有大臣建议皇帝效仿汉武帝"去母留子"，你陷入了前所未有的危机，你该如何度过这个难关呢？

清王朝的内忧外患

内忧　广大农民由于忍受不了官府的横征暴敛，纷纷揭竿而起。鸦片战争后的 10 年里，全国爆发起义 100 多次，其中规模和影响最大的是太平天国运动。

外患　鸦片战争后，西方列强加紧对中国的侵略和掠夺，控制了关税自主权，倾销商品，掠夺原材料，逐步控制了中国的经济命脉。

呃……这个不难！

小窍门

伴君如伴虎，在皇帝身边不仅要注意自己的言行，更要小心他人的恶意中伤。

去母留子 汉武帝老年喜爱幼子刘弗陵，有意立其为太子，但又担心其生母钩弋夫人专权而动摇刘氏的天下，于是狠下心赐死钩弋夫人，立刘弗陵为太子。

尊为太后

你开始感觉到大臣们对你不善，心里暗恨，表面却装作不知。1860年英法联军进逼北京城，咸丰帝仓皇北逃热河。他纵情声色，麻痹自己，渐渐病入膏肓。你经常抱着幼子在皇帝床前哭诉："求皇上保重身体，否则我们孤儿寡母将来能依靠谁？"皇帝看着懵懂的幼子，又想起康熙登基初期鳌拜专权的事，担心历史重演，便打消了"去母留子"的念头。

到了1861年，皇帝大多数时候缠绵病榻，8月的一天，皇帝突然晕厥，直到半夜才苏醒，他明白自己活不久了，传召大臣立下遗嘱：立独子载淳为太子，任命肃顺等八大臣为顾命大臣。次日，咸丰帝病逝在承德避暑山庄，你和皇后两宫并尊，皇后晋升母后皇太后，又称慈安太后；你被尊为圣母皇太后，又称慈禧太后。朝廷上便形成了顾命大臣与两宫太后相互制衡的局面。

咸丰帝的设想

咸丰帝临终前做了三件事：

立太子 立载淳为太子，继承皇位。

顾命大臣 任命肃顺、载垣、端华等八人为顾命大臣，处理政务。

印章 授予皇后"御赏"印章，授予皇子载淳"同道堂"印章（由你掌管），并颁诏说，此后新皇帝所颁的一切诏书，印有这两枚御印才有效。这样一来，顾命大臣没办法独断专行，两宫太后也不会直接干预朝政，顾命大臣和两宫太后相互制衡，谁也没办法独揽大权，这就是咸丰帝的美好设想。

辛酉政变

你虽然登上了太后的宝座，却一刻也没忘记肃顺等大臣曾建言"去母留子"的事，你仍然感觉自己活在危机中。很快，顾命八大臣露出了贪权的嘴脸，他们要求拥有处理朝政大事的权力，两宫太后只能用印，不能反对或修改。他们甚至扬言："请太后看奏章就已经是多余的了！"你心想：简直是欺人太甚，这样下去我们母子在宫中还有什么地位可言？不行，我一定要除掉他们！

你迅速与慈安太后达成共识，并秘密与恭亲王奕䜣取得联系，决定发动政变。返回北京后，你与慈安太后在众人面前控诉顾命大臣欺侮孤儿寡母的行径，并迅速拟好谕旨，宣布八大臣的罪状，逮捕了八大臣，粉碎了八大臣势力。这一年是农历辛酉年，因此这次事件被称为辛酉政变。政变的成功，成就了你的第一次垂帘听政。

顾命大臣 帝王临终托以治国重任的大臣。历史上，清朝三次任命顾命大臣，第一位辅政大臣是多尔衮，他生前大权独揽，是没有名分的皇帝。后来顺治帝吸取教训，任命索尼、苏克萨哈、遏必隆、鳌拜为顾命大臣，但鳌拜后期日益骄横，走上专权的道路。

慈禧与肃顺的旧怨

祸起马车 在咸丰帝一行逃往热河的路上，由于准备不足，你乘坐的是一辆状况非常差的车，你三次向肃顺请求换辆好点的车，但肃顺一时也找不到好车，就不耐烦地喝斥你："皇帝都要吃苦，你又有什么资格要这要那？"

灵前怠慢 咸丰帝去世后，皇后被尊为母后皇太后，本应该同时尊奉你为皇太后，但作为当时热河总负责人的肃顺等人没有这样做，他们直到第二天才宣布尊奉你为皇太后。

97

洋务运动

　　你在掌握朝政大权后，经常回想起跟着咸丰帝仓皇出逃热河时的场景，于是下定决心：
"一定不能让历史重演，再损皇家颜面！"于是你任用了一批思想开放的洋务派官员，发
展军用、民用工业，训练新式军队，设立京师同文馆，派遣幼童前往美国、日本等国留学，
希望能富国强兵，抵御外侮。

　　在设立京师同文馆时，恭亲王奕䜣请求设立天文、数学学科，顽固派大臣倭仁坚决
反对，上书说："大清朝这么大，不愁没有懂得天文、数学的人才，不必向洋人学习。"
你心里恼怒，但碍于倭仁是儿子同治帝的老师，不好斥责，便说："既然你说大清不愁没
有精通天文、数学的人才，那你就保举几个人来教授，与同文馆的互相磨炼、比较。"倭
仁无人可荐，只得同意洋务派的做法。

小窍门

两派争吵不一定是坏事，你可以从中判断哪一边对自己更有利。

京师同文馆 清代最早培养译员的洋务学堂和从事翻译出版的机构。最初只设英文、法文、俄文三班，后陆续增加德文、日文及天文、算学等班。

洋务派与顽固派的论战

洋务派主张向西方学习，引进西方科学技术，顽固派则坚持中国的封建传统，反对西学。双方曾就洋务运动展开数次论战。

筹建海防 1874年，洋务派和顽固派因为筹建海防和设厂制造船炮机器的问题展开论战。顽固派坚持认为洋务派造船炮是浪费钱财、败坏人心，而洋务派则主张学习西方的先进技术，强大自己。

修建铁路 1883年，顽固派攻击洋务派修建铁路会震动地脉、破坏风水，应该永远禁止，而洋务派坚持修建铁路能够增强运输能力，有利于发展经济。

母子离心

　　你成功地让儿子坐上了皇帝的宝座，想效仿当年的庄妃辅佐幼帝成为一代明君。于是你延请名师为小皇帝授课，可谓用心良苦。但天不从人愿，同治帝并没有继承你勤奋好学的品质，上课时频频嬉笑打闹，你十分生气，将气撒到老师身上："让你们这么放松教育，倒不如我自己亲自教！"同时你严厉责备了儿子，却导致他越来越畏惧你这个亲生母亲，反而与脾气温和的嫡母慈安太后更加亲近。

　　到了给同治帝选后的时候，你看中了刑部员外郎凤秀的女儿富察氏，慈安太后和同治帝更喜欢状元崇绮之女阿鲁特氏，决定立阿鲁特氏为后，这件事让你感觉颜面尽失，自己辛辛苦苦生养大的儿子居然忤逆自己。你把矛头转向了阿鲁特氏，百般挑剔阿鲁特氏，教训同治帝应多亲近其他嫔妃。同治帝一气之下竟然独宿乾清宫，母子关系到了几乎难以同处的境地。

清朝皇室子弟学习内容

小窍门

名师不一定出高徒，学习贵在勤奋。

儒家经典　清朝上书房学习儒家经典的方法是：师父读一句，学生读一句，如此反复诵读百遍后，与前几天所学内容合起来再读百遍，周而复始不间断，直至把《大学》《中庸》《论语》《孟子》等完全背下来。

满蒙文　皇族子弟到了 12 岁，又安排满文和蒙古文教师教授满文和蒙古文，教授满文的方法是由师父口授念法，手教写法，学生跟着练习。

骑射　由于清朝是"马上得天下"，每天下午 3 点半左右学生们放学后，吃过晚饭，还得上一节"军事体育课"——骑马射箭，这部分的教习师父从满蒙贵族中挑选。

二度垂帘

　　同治帝亲政后不久便病倒了，染上的是人人避之不及的天花。你听闻后，大惊失色，一面吩咐御医全力诊治，一面依照祖上传下的规矩，供奉痘神。但是少年皇帝还没有来得及庆祝他的20岁生日就去世了。青年丧夫、中年丧子的你，陷入了深深的悲痛之中。

　　可你还没有完全糊涂，当务之急是决定皇位的继承人，同治帝没有留下任何子嗣，这就意味着你需要从宗室里过继继承人。出于政治需要，你毫不犹豫地选择了醇亲王之子，不满4岁的载湉，而他的母亲正是你的胞妹。醇亲王十分震惊，当场昏迷过去，你心里暗骂："不识好歹的家伙！"但事情已成定局，睡梦中，小载湉被抱入紫禁城，被立为光绪帝，你也开始了自己的第二次垂帘听政。

同治亲政　清朝幼年登基的皇帝大多在十三四岁亲政大婚，但贪权的你怎么会轻易放开手中的权力，你以同治帝学业未成为由，始终不肯撤帘归政，直到同治帝17岁，才给他选后，准备大婚庆典。

小窍门

天花在当时是很难治愈的，一定要远离天花病人。

阿鲁特氏殉节　同治帝病逝后，皇后阿鲁特氏崩逝于储秀宫，距同治帝死仅 75 天，年仅 22 岁。据后人分析，年轻的阿鲁特氏应是在绝望中自杀，这种绝望的处境，恰恰是你造成的。

过继　在没有儿子的情况下，收养同宗之子为后嗣。这是传统宗族观念中的一种收养行为。

西宫独裁

　　幼帝光绪的登基使你重新手握大权，但你并不满足于此，以恭亲王为首的军机处大臣成了你的眼中钉。1884 年，中法战争前线传来连续失利的消息，你抓住这个机会，指责军机大臣办事不力："你们开始还算尽心尽力，可近来为保虚名，不肯用心做事，才导致这样的后果。"随后你罢免军机处所有的大臣，革除恭亲王所有的职务，同时组成以礼亲王世铎为首的新的军机处。

　　在不到十天的时间里，你完成了军机处大换血，建立了完全听命于自己的中枢机构。这次高层人事大变动，借口恰当，行动迅速，更换彻底，安排巧妙，所有人都不敢对你的决定有所质疑。就这样，你把朝政大权彻底攥在了自己手中。

你的日常生活

饮食 你当政的时候，御膳房为你准备各种各样的菜肴、点心。每日两顿正餐，照规定需上100碗不同的菜肴。另有两次"小吃"，平常总在40至50碗左右。

服饰 你的衣服大约有2000多件，就是每天换两三次，仍有许多衣服永远穿不到。

出行 你也曾经乘火车出行，但你并不喜欢坐火车，觉得机车声音过于嘈杂，车座又太狭窄，还是不如乘轿舒服。

听政 垂帘听政的地方设在养心殿东间，皇帝御座后设一黄幔，你坐在黄幔后面。接见大臣时，吏部堂官递绿头笺，太监接后，呈放在御案上。你还曾经请大臣讲解宋、金、元、明四朝的帝王政治事迹。

废除新政

1894 年，中日甲午战争爆发，管理混乱、战斗力低下的北洋水师全军覆没。这让光绪帝感受到从未有过的奇耻大辱，他开始寻求变法。你心里也很清楚，大清王朝正处于列强环伺的危险局面，不做改变是不行了。于是你告诉光绪帝："可以进行变法，施行新政，只要不违背祖宗家法，不损害满族亲贵的利益，其他的都可以去做。"

你虽然支持光绪变法，却不能容忍他脱离自己的控制。变法开始时,你把军权、人事任免权都掌握在自己手中。但是光绪帝并不甘于做你手中的傀儡，下旨罢免了你的亲信，换上了自己的人。主持变法的维新派人士甚至计划派兵包围你的居所颐和园。你怒斥光绪："我养了你二十年，你居然听从小人之言谋害我！"随后你下旨捉拿维新党，将光绪帝囚禁在中南海瀛台，宣布重新训政。光绪帝彻底成为你手中的木偶。

戊戌变法

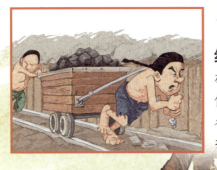

经济　设立农工商局、路矿总局，提倡开办实业；修筑铁路，开采矿藏；在各省设商务局、商会，保护商务，开辟口岸商埠。

小窍门

当别人步步紧逼威胁你的安全时，不要犹豫，奋力反击吧。

政治　广开言路，允许士民上书言事；改订律例；裁撤冗员；肃清吏治；废除旗人寄生特权。

军事　遣散老弱残兵，削减军饷，实行团练，裁减绿营，实行征兵制；筹办兵工厂，筹造枪炮，添设海军。

文化　废除八股，兴办西学；设立中小学堂；创办京师大学堂；设立译书局，翻译外国书籍；允许设立报馆、学会；派留学生出国学习，奖励科学著作和发明。

屈　服

　　由于列强欺凌过甚，激起中国百姓普遍的愤恨，义和团以"扶清灭洋"为口号攻击教会和外国人。你也因为鸦片战争以来列强频频入侵中国以及列强反对废黜光绪帝而对它们恼怒不已。

　　你轻信义和团能够刀枪不入，杀光洋人，产生了利用义和团对抗列强的想法，却引发八国联军侵华战争。你惊慌失措，准备与洋人谈判，但没能阻止列强侵华的步伐。1900 年 8 月 14 日，八国联军攻入北京。次日凌晨，你带着光绪帝、皇后等人逃出北京。出逃后，你将责任推到义和团身上，并向列强表示："愿意用中国所有的物资和人力，来与贵国结交，换取贵国的欢心。"就这样，你为了保住自己的地位，出卖了整个国家。

你仇视洋人的原因

被迫北狩　第二次鸦片战争爆发后，英法联军直逼北京，你被迫跟着咸丰帝逃往热河，路上受尽磨难。英法联军占领北京后，烧杀掳掠，无恶不作，甚至闯进皇家园林大肆破坏，你感到十分耻辱。

追捕维新党人受挫　戊戌政变后，你下令搜捕康有为，可康有为在英国人濮兰德的帮助下成功脱险，并在濮兰德的带领下，登上英国轮船逃往香港，最后转道日本。这使得你悬赏缉拿康有为的计划落空。

建储失败　戊戌政变后，你计划废掉光绪帝，但在华公使横加干预，你暂缓废帝。在立大阿哥的事件上，你为了赢得在华列强的支持，邀请各国公使赴宴，提出了立大阿哥的想法，但没有一个人发表意见,这使你颜面扫地。

小窍门

比起颜面，当然是性命更重要了，赶紧收拾好你的金银珠宝逃跑吧。

长眠地宫

随葬的奇珍异宝

翠玉白菜 慈禧太后陪葬品中有一棵大型翡翠白菜，绿叶白心，菜梗上还雕着一只振翅的蝈蝈，另外还有两只红白相间的马蜂。清东陵被盗后，这棵举世绝品的翠玉白菜不知去向。

翡翠西瓜 慈禧太后酷爱翡翠，相传翡翠西瓜是番邦进贡的珍品，慈禧对它爱若至宝。她死后，这对翡翠西瓜就放在她脚边，一起埋进东陵，目前下落不明。

你与光绪帝都患上重病，整个京城弥漫着一种紧张不安的气氛。你虽然患病数月，头脑仍十分清醒。你深知光绪帝的病很难痊愈，而自己也已年老体衰，因此皇位的继承已成为一个大问题。这个问题，你已经考虑很久了。

1908年11月14日，光绪帝驾崩，你安排醇亲王载沣的儿子溥仪继承皇位，自己被尊为太皇太后。可就在第二天，你的病情突然恶化，神志不清。1908年11月15日下午，你在中南海仪鸾殿病逝，带着大批精美绝伦的陪葬品，长眠地宫。却不料，20年后，你的"万年吉地"被军阀孙殿英炸开，不但随葬的奇珍异宝被洗劫一空，你的尸骨也尽遭暴露、羞辱。享尽人间荣华富贵的"老佛爷"，只留下孤独的荒冢任后人评说。

夜明珠 据记载，慈禧太后含于嘴中随葬的夜明珠，是一块近似球体形态、重为清代四两二钱七分，相当于现在787.28克拉的金刚石原石。其估价在1908年时值1080万两白银，相当于现在8.1亿元人民币。